中国社会科学院国情调研厦门基地项目

深化山海协作
增强协调发展

——福建省区域协调发展调研报告（2022）

史　丹◎主编

DEEPEN MOUNTAIN-SEA COOPERATION AND
ENHANCE COORDINATED DEVELOPMENT

—A RESEARCH REPORT ON
REGIONAL COORDINATED DEVELOPMENT IN FUJIAN PROVINCE（2022）

经济管理出版社
ECONOMY & MANAGEMENT PUBLISHING HOUSE

图书在版编目（CIP）数据

深化山海协作，增强协调发展：福建省区域协调发展调研报告.2022/史丹主编.—北京：
经济管理出版社，2022.12
ISBN 978-7-5096-8829-8

Ⅰ.①深…　Ⅱ.①史…　Ⅲ.①区域经济发展—协调发展—研究—福建　Ⅳ.①F127.57

中国版本图书馆 CIP 数据核字（2022）第 236111 号

责任编辑：赵亚荣
责任印制：许　艳
责任校对：王淑卿

出版发行：经济管理出版社
　　　　　（北京市海淀区北蜂窝 8 号中雅大厦 A 座 11 层　100038）
网　　址：www. E-mp. com. cn
电　　话：（010）51915602
印　　刷：唐山玺诚印务有限公司
经　　销：新华书店
开　　本：720mm×1000mm/16
印　　张：11.5
字　　数：191 千字
版　　次：2023 年 3 月第 1 版　2023 年 3 月第 1 次印刷
书　　号：ISBN 978-7-5096-8829-8
定　　价：98.00 元

课题主持人：史　丹

课题组成员：叶振宇　刘佳骏　李　鹏　周　麟

　　　　　　　崔志新　刘京星　明　星

前　言

党的二十大报告指出，"促进区域协调发展。深入实施区域协调发展战略、区域重大战略、主体功能区战略、新型城镇化战略，优化重大生产力布局，构建优势互补、高质量发展的区域经济布局和国土空间体系"。在全面建成社会主义现代化强国、向第二个百年奋斗目标进军的新征程上，以区域协调发展为主线的区域发展战略作为国家为顺应国内外经济社会发展形势变化而作出的全局性、综合性长远谋划，为我国加快构建"双循环"新发展格局、着力推动高质量发展提供了重要支撑。

福建"八山一水一分田"，在山海阻隔下，区域间发展不平衡曾经长期存在。近年来，福建省认真落实习近平总书记关于"山海协作"的指示精神，通过不断完善顶层制度设计，积极推进基础设施互联互通，统筹两大都市圈协同建设，推进"山海协作"产业对口合作，提高科技协同创新能力，促进对外开放实现多元化发展，调整福建省经济结构，优化产业布局，初步构建起现代产业体系，改变了福建省经济社会发展的不平衡现状，全省社会整体福利水平显著提升，经济社会实现了高质量、大跨越发展。今日之福建，山海协奏"交响曲"，区域协调发展、工业化和城镇化走在全国前列，"山"与"海"同享发展成果。

早在1981年，福建省委就发出"大念'山海经'，是不是福建的根本出路"之问，并由此开启了福建"抓好山海两条线"、实施"山海协作"的区域发展战略的探索之路。经历了40多年发展，"山海协作"取得了举世瞩目的成就：一是顶层制度设计日趋完善，闽东北、闽西南两个协同发展区建设稳步推进；二是产业转移承接扎实推进，山区和海边产业合理分布和上下游联动，实现产业布局优化；三是两大都市圈协同建设成果斐然，重点城市区位优势进一步凸显；四是文旅融合发展迈上新台阶，"清新福建"品牌形象凸显，全域旅游建设持续推进；五是基础设施互联互通成效明显，初步形成布局合理、设施配套、功能完备、安全高效的现代化城乡基础设施体系；六是科技协同创新能力显著提升，技术攻关协作和科技创新成果转移转化提速明显；七是对外开放呈现更加开放、更趋多元、更趋协调的新发展格局；八是公共服务共建共享，社会整体福利提升显著。"山海协作"作为推动福建省区域协调发展的重要抓手，是落实习近平总书记在福建工作时提出的"山海联合、优势互补、相互辐射、共同腾飞"的重大举措，是我国推动区域协调发展的重大实践。"山海协作"的实施，为福建实现区域均衡、协调发展提供了根本保障。

本报告在总结福建"山海协作"成功经验的基础上，梳理其发展面临的问题，从顶层设计、产业协作发展、都市协同、基础设施共建、社会治理等方面提出针对性建议，期望能为相关读者与部门提供参考。

目 录

总报告　山海协作内涵与总体进展

　　山海协作作为推动福建省区域协调发展的重要抓手，是落实习近平总书记在福建工作时提出的"山海联合、优势互补、相互辐射、共同腾飞"的重大举措，是我国推动区域协调发展的重大实践。山海协作的实施，为福建实现区域均衡、协调发展提供了根本保障。福建省沿海和山区在资源条件、产业结构、开放程度、市场开拓等方面存在许多互补性，加快山区发展、推进山海协作，有利于沿海和内地山区按照生产力合理布局的要求，从各自的地理区位、资源优势、交通条件及经济发展的现实基础出发，确定经济发展的方向和重点，形成各具特色的区域经济分工协作格局，也有利于冲破旧体制的束缚，克服条块分割、地区封锁的弊端，发展大生产、促进大流通，使山区和沿海各种生产要素顺畅流动，不断调整优化山海经济结构，拓展山海经济发展空间。

一、山海协作的源起与主要内容

　　长期以来，由于经济发展条件、资源禀赋、产业基础等因素的差异，福建山区与沿海发展不平衡。为了改变区域发展不平衡状态，福建省从 20 世纪 80 年代起就十分重视山海协作、山海联动发展，并出台了很多促进协作的政策，目的是把"山"边的资源、劳动力、生态等优势与"海"边的资金、技术、人才等优势有机结合起来，不断调整优化福建省经济结构，促进福建省山区与沿海区域均衡协调发展。

当前，福建正在谋划和推动更高层次的山海协作，然而，一些制约协作及其溢出效应发挥的潜在障碍也在逐步显现并亟待解决。如何通过推动山海协作纵深发展，巩固提升区域均衡协调发展质量，确保高质量发展和高颜值生态效益更多惠及百姓，共享共同富裕成果，成为福建省亟待解决的问题。因此，针对当前存在的问题，本书从完善体制机制、促进产业协作、推动山海文旅协同、推进基础设施互联互通、都市圈协同建设与扩大对外开放等方面提出进一步提升福建山海协作发展质量的政策建议。

二、山海协作成效显著

近年来，福建省认真落实习近平总书记关于"山海协作"的指示精神，通过不断完善顶层制度设计，积极推进基础设施互联互通，统筹两大都市圈协同建设，推进山海协作产业对口合作，提高科技协同创新能力，促进对外开放实现多元化发展，调整福建省经济结构，优化产业布局，初步构建起现代产业体系，改变了福建省经济社会发展不平衡的现状，全省社会整体福利水平显著提升，经济社会实现了高质量、大跨越发展。

1. 顶层制度设计日趋完善

当前，福建省山海协作的重点是推进闽东北、闽西南两个协同发展区建设，使这些区域成为山海协作两大主战场。随着"共同富裕"的时代号角吹响，福建省深入推进山海协作发展，缩小地区发展差距，是省域高质量发展的内在要求，也是实现区域协调发展的有效途径。

第一，山海协作对口援助机制创新扎实推进。在山海协作产业援助机制方面，福建省坚持"一盘棋"思路，安排福州、厦门、泉州等先发展起来的沿海强市对口帮扶南平、龙岩、三明等发展条件较落后的地市和漳州、宁德等地市的部分山区县，建设产业转移合作园区，使之成为落后地区发展的"造血平台"。在山海协作就业帮扶机制方面，福建省大力鼓励山区县人口到沿海地区务工经商，同时引导沿海经济强市到山区对口帮扶解决就业。在山海协作干部交流方面，福建省从沿海选派优秀干部到龙岩、南平、三明等市任职，同时，通过"结对子"途径从沿海强市选派一批年轻干部到这些对口帮扶地挂职。

第二，山海协作产业链治理机制创新取得突破。首先，在省委、省政府的领导下，福建省曾探索通过支持行业龙头企业牵头实施跨地并购资产进而推动稀土等矿产资源整合，取得明显成效，解决了长期存在的稀土资源滥采和破坏生态环境的问题，同时也延长了稀土产业链。其次，在政府引导和市场推动下，一批传统优势产业的龙头企业到山区县建设加工基地，从而帮助山区县农民实现了在自家门口就业的梦想。最后，山区县充分发挥生态资源优势，以茶产业和食用菌产业为主导，把山区县的产业链上游优势与沿海发达地区的产业链下游优势结合起来，进而打造形成产业链利益共同体。

第三，山海协作的公共服务共享体制机制创新稳中有进。体制改革率先推动"山""海"教育、医疗优质公共服务资源共享。福州、厦门等城市优质医疗和教育资源通过对口帮扶、打破行政分割体制、社会化援助等途径向山区辐射带动。在职业培训、促进就业、科技服务等方面，福州、厦门、泉州等城市通过企业、学校、科研机构、社会组织等力量实施对口帮扶项目，有效解决了山区县点位上的公共服务供给不足问题。同时，随着人工智能、大数据等新兴技术的广泛社会化应用，福建省山海协作逐步拓展到了智慧教育、智慧医疗等新兴业态，实现公共服务资源的共建共享。

第四，山海协作的基础设施投融资体制创新大胆探索。俗话说，"要致富，先修路"。福建省解决区域发展不平衡问题的重要抓手就是建设山海大通道，探索山海大通道"省投、省建、省管"机制。目前，福建省已跻身全国少数几个能够实现"县县通高速"和"市市通动车"的省份，并且在能源基础设施、数字基础设施等方面也不落伍。同时，福建省各地市内部的基础设施建设持续完善"省助、市投、县建"的机制，从而解决了各级政府在市域内基础设施建设资金的分担问题。此外，福建省对革命老区、少数民族地区等特殊类型地区的基础设施建设实施了"共助、自建"机制，有效解决了这些特殊类型地区的资金短缺问题。

第五，山海协作的组织保障有力、有持续性。长期以来，福建历届省委、省政府班子都将山海协作摆在全省工作大局的重要位置抓好抓实，建立了持续性、常态化的工作推进机制，为了落实阶段性任务，在不同时期实施过一些省域区域重大战略。同时，为调动各级政府官员的积极性，福建省将山海协作列入官员政绩考核评价体系，更好发挥"指挥棒"的作用。此外，福建省也充分动员社会力量，建立了社会化的动员机制，会聚社会各界的力量把山海协作转化为爱心工程、暖心工程、民心工程。

2. 产业转移承接扎实推进

长期以来，福建沿海与山区经济发展条件、资源禀赋、产业基础等因素的差异造成了沿海与山区的不平衡发展。统计数据显示，福州、厦门、泉州三市生产总值占全省比例超过60%。福建省通过推进山海协作的政策措施，不断调整优化自身经济结构，改变自身经济发展不平衡的现状，经济发展实现大跨越，现代产业体系初步建成。产业协作是山海协作的重要依托，福建省通过发挥各地优势，促进省内山区和海边各区域产业上下游联动，实现产业的合理化布局，打破行政区划间隔，提升区域整体合力和竞争力，联手打造区域合作产业链和优势产业集群，为实现山海协作可持续健康发展奠定了基础。

一方面，重点打造产业合作园区，推进山区产业升级与结构优化。推进共建产业园区建设，是实施项目带动战略，构建帮扶协作平台，促进山区产业升级、结构优化，实现联动发展的重要途径。近年来，福建省陆续出台了《关于深化山海协作的八条意见》《福建省人民政府办公厅关于促进工业园区提升发展六条措施的通知》《福建省人民政府关于促进开发区高质量发展的指导意见》等政策措施支持山海共建园区发展。同时，在脱贫攻坚时期，根据省委、省政府的决策部署，每个省级扶贫开发工作重点县都要与沿海对口帮扶的县（市、区）建成一个山海协作共建产业园区。到2020年底，23个山海协作园区已开发建设面积共70492亩，累计投资920亿元，入园企业820家，其中规上企业228家，园区从业人员46900多人，主要涉及竹木加工、机电、纺织、服装鞋帽、食品加工、机械制造、农产品深加工、生物医药等，以及少部分新能源、新材料、数字信息等产业，23个合作园区实现工业总产值474亿元，工业增加值127亿元，税收总额10.5亿元。

另一方面，形成产业链上下游协作与空间布局协同，推动城乡统筹。龙头企业布局在沿海，配套产业链项目在山区，既形成产业链上下游的相互支撑，也在空间布局上形成相互协同，更在城乡协调发展上共建共享。山海协作、城乡统筹，逐渐形成了以福州都市圈和厦漳泉都市圈"两极"引领全省产业和城镇化布局，辐射带动周边地区联动发展的态势。同时，闽东北、闽西南两大协同发展区建设稳步推进，体制机制优化、重大项目共建、公共资源共享、产业配套协作、生态保护协同、社会治理联动等方面取得阶段性成效，产业园区共建与城市发展联系更加紧密，产城融合发展效应日益显现。

3. 两大都市圈协同建设成果斐然

近年来，福建重点城市协同发展成果斐然。粤闽浙沿海城市群在国家发展战略中的地位显著增强，重点城市区位优势进一步凸显；两大都市圈（福州都市圈和厦漳泉都市圈）相关规划的编制工作进展顺利，实际工作有序开展；以重点城市为中枢的城市交通网络越织越密，交通体系持续优化；生态环境保护取得明显成效，城市生态保护补偿机制初步建立。

重点城市在粤闽浙沿海城市群中的地位日益凸显。福建通过发展福州新区、福州自贸区带动了闽江口乃至粤闽浙沿海城市群中部地区的发展；推进以厦漳泉都市区为主体的厦漳泉同城化带动了粤闽浙沿海城市群中南部地区的发展。《福州都市圈发展规划》正式编制完成，《厦漳泉大都市区同城化发展总体规划》得到积极推进。

重点城市社会经济快速增长。2020 年，福州和泉州 GDP 分别达到 10020.02 亿元和 10158.66 亿元，成功进入 GDP 万亿元城市行列；厦门经济总量增加至 6384.02 万亿元，经济发展由高速度转向高质量，在提升质量、效率方面成效显著。

基础设施建设取得重大进展。近年来，福建省建成了莆炎高速永泰梧桐至尤溪段、沙埕湾跨海高速公路、泉厦漳城市联盟高速公路、长乐至平潭高速公路、云霄至平和高速公路等高速公路；实现衢宁铁路、福平铁路通车运营，开通武夷新区旅游观光轨道交通一期工程；累计建成高速公路 6003.78 千米，公路里程实现 11.01 万千米；2020 年水路运输实现 6.21 亿吨的港口货物吞吐量，民航完成旅客运输量 3618.06 万人次（2019 年）。

生态环境持续改善。福建各地市空气质量优良天数比例高达 98.6%，比全国平均水平高出近 11 个百分点；基本消除城市建成区黑臭水体、劣 V 类小流域，完成近 1700 平方千米的水土流失综合治理工作。

4. 文旅融合发展迈上新台阶

旅游业综合性强、融合度高、带动性大，从福建省自身发展来看，福建省拥有丰富的旅游资源、优越的市场区位条件，发展旅游业无疑成为其加快产业结构转型升级、推进山海协同发展，实现高质量发展的重要路径之一。近年来，福建文旅产业融合发展迈上新的台阶，整体实现了旅游经济稳步提升、"清新福建"品牌形象凸显、全域旅游建设持续推进，区域协作机制不断优化，持续推进"智慧旅游"，为促进山海协同发展做出了积极贡献。

福建省积极打造"清新福建""全福游、有全福"旅游品牌，旅游产品体系日趋完善，品牌影响力不断扩大。2017 年，"清新福建"品牌获国家工商行政管理总局批准，成为全国唯一实现商标全要素组合在 45 个全类别成功注册的省级旅游品牌。福建各地围绕"清新福建"主题，推出"清新福建·花样漳州""清新福建·平潭蓝""清新福建·快乐武夷"等具有地域特色的区域旅游品牌，初步构建了"清新福建"品牌体系。福建在全国率先发布"清新指数"，用优质的生态环境吸引境内外游客到福建旅游。

闽东北、闽西南文旅部门通过搭建区域旅游联盟，形成线路互推、客源互送、利益共享的营销体系，推动山海旅游产业共同发展；通过共筑旅游线路联盟，深入挖掘海丝文化、船政文化、妈祖文化、朱子文化、畲族文化、茶文化等福建特色文化，共同打造经典揽胜之旅、海丝休闲之旅、世界茶乡之旅、温泉美食之旅等精品旅游线路，促进山海旅游协同发展。

同时，福建省全面整合旅游资源，积极推动旅游与文化、农业、工业、体育、教育等各领域深度融合，推动文化旅游、工业旅游、体育旅游、研学旅游等新业态、新产品竞相发展，"旅游+"成为文旅产业升级的新动能。福建省采取"旅游+工业"的模式，推出"观光工厂"这一旅游新业态，开辟了多条工业旅游线路。截至 2020 年底，福建省观光工厂达 71 家，涵盖食品、制茶、酒业、玉石、陶瓷、家具、雕刻、鞋服、玩具等企业，种类丰富。通过"旅游+体育"融合发展，福建省成功举办了环福州·永泰国际公路自行车赛、福州鼓岭山径赛、武夷山国际马拉松赛等多项精品赛事。

5. 基础设施互联互通成效明显

基础设施互联互通是深化山海协作、实现区域共同发展的重要保障。"十三五"时期是福建省城乡基础设施建设投入最大、成效最明显、城乡环境面貌变化最快的五年，这期间完成基础设施投资超过 1.05 万亿元，人居环境持续改善，城乡综合承载能力不断增强，城乡运行效率显著提高，初步形成布局合理、设施配套、功能完备、安全高效的现代化城乡基础设施体系，为深入推进福建省两大协同发展区建设以及福建经济高质量发展做出了重要贡献。

一方面，重点提升区域通达水平，逐步建成域内互通、域外互联的现代综合交通网络。首先，"十三五"期间，福建省在公路建设方面累计完成投资 3485 亿元，公路总里程达 11 万千米，形成"三纵八横"主骨架网。其中，高速公路通车里程突破 6000 千米（密度排名全国各省第 3 位），新增约 1000 千米、在建 360 千米，国高网福建境内段基本建成，与周边省份连接通道达 18 个，实现 80% 的陆域乡镇 30 分钟内便捷通高速。其次，在铁路建设方面累计完成投资 1025 亿元，南三龙铁路、衢宁铁路、福平铁路建成通车，建成迄今为止世界最长跨海峡公铁两用大桥。铁路运营里程 3884 千米，新增 583 千米，其中高快速铁路达 1906 千米，新增 338 千米，实现 9 个设区市动车环形运营。再次，现代化港口群加速崛起，全省沿海港口实际吞吐能力达 8 亿吨，全省沿海港口生产性泊位 420 个，新增 59 个，其中万吨级以上泊位 184 个，新增 26 个，具备了停靠世界最大集装箱船、散货船、油轮、邮轮的能力。最后，城乡区域交通协调发展达到新高度，全省 97% 的乡镇通达三级及以上等级公路，约 60% 的建制村通双车道公路。

另一方面，推动民生基础设施不断完善，实现区域内基础设施互联互通，城乡综合承载能力得到进一步增强，其中包括坚持以新发展理念为引领，以技术创新为驱动，以信息网络为基础，面向高质量发展需要，提供数字转型、智能升级、融合创新等服务的基础设施体系；实施能源安全战略，打造绿色、智慧、安全的现代化电网，推动源网荷储一体化，提升能源利用效率和发展质量，满足北电南送和区域经济发展对电力的需求，进一步提高电力保障能力；支持福建炼油化工有限公司等企业建设商品油储设施，加速实现设区市全部通管道天然气，形成"多气源一张网"、市场化的天然气发展新格局；推进"五江一溪"防洪工程、沿海防潮工程建设，加强大中型水库、引调水和堤防工程建设，提高水资源优化配置和水旱灾害防御能力。

6. 科技协同创新能力显著提升

当前，福建科技创新要素配置不合理、流动活跃程度不高，尤其是沿海与山区科技创新资源分布不均衡问题突出，全省约87%的高新技术企业、83%的新型研发机构、78%的科技小巨人企业、76.9%的R&D人员折合全时当量集聚于福厦泉龙地区。因此，福建省在党中央坚强领导下，坚持把科技创新作为高质量发展的第一动力源，积极推进山海科技协同创新，促使区域总体创新能力显著提升，加速技术攻关协作和科技创新成果转移转化。

一是立足区域产业特色及优势创新资源，大力支持山海协作创新中心建设，助力山区地市吸附人才、补齐产业结构和科技创新短板等。山海协作创新中心联合沿海和山区政府、龙头企业、高校和科研机构，通过载体空间和创新能力建设、人才引进、机制创新，整合创新资源要素，其主要任务集中于技术研发服务、推动成果转化、人才引进培养等方面。2019年，福建印发了《福建省发展和改革委员会关于组织建设山海协作创新中心的通知》（闽发改高技〔2019〕8号），提出建设若干个特色明显、支撑有力、机制灵活的山海协作创新中心。目前，福建省光电信息技术山海协作创新中心、高端药物制剂山海协作创新中心、轻合金产业技术山海协作创新中心等组建方案陆续获批。同时，为了支持山海协作创新中心建设，福建加大预算内资金支持力度，将山海协作创新中心列入省级预算内资金支持重点。

二是充分发挥闽东北、闽西南两大协同发展区的发展支撑作用，推进山海协作共建创新平台建设。推动山海协作产业园建设，加速跨区域技术合作和交流。福建省出台《福建省科学技术厅关于推动闽东北和闽西南两大协同发展区科技创新发展的若干措施》，强调鼓励由福州、厦门两地牵头，分别联合闽东北、闽西南其他地区，支持有需求的山区龙头企业在福厦泉三片区与当地政府、高校院所共建山海协作创新平台。福建省围绕闽东北、闽西南两大协同发展区规划，启动建设山海科技协作创新平台等新型研发机构，对其最高补助达1000万元。充分发挥创新实验室与区域创新主体协作优势，如嘉庚创新实验室从国内外吸引院士、国家级等高层次人才40余人，与宁德时代新能源科技股份有限公司、厦门金龙汽车集团股份有限公司等近70家省内外行业龙头企业广泛开展合作，自主创办了一批高技术企业。

三是深入推行科技特派员制度,大力支持科技特派员与服务对象建立利益共同体,推进山海科技协作。充分发挥科技特派机制活的优势,通过"揭榜挂帅"、组团建站等定制服务快速集聚优势创新人才资源,为福建传统产业转型、高技术产业科技攻关等提供人才支撑。2017 年以来,福建选认工业领域个人科技特派员约 6408 人。探索科技创新供需对接机制,推进"订单式"需求对接、"菜单式"服务供给,推进科技特派员创新服务向更深层次、更宽领域、更高水平拓展。设立专项科技资金,加速跨区域技术合作和交流,例如,福州、厦门每年各出 3000 万元,对口支持南平、宁德、龙岩、三明 4 个山区市的科技特派员工作。同时,从 2015 年开始,福建省每年安排 2000 万元左右经费,用于支持技术水平高、创新能力强、发展潜力大的互联网经济优秀人才创业项目,并且采取沿海、山区等差别化评审方案,平衡区域间的经济发展差异。

7. 对外开放实现多元化发展

福建是外贸大省。"十三五"时期,福建积极推动稳外贸、稳外资,主动应对中美经贸摩擦,货物进出口贸易持续稳步增长,对外贸易方式趋于多元化,外贸经营主体逐渐增多,进出口商品结构不断优化。福建各城市之间形成了"你追我赶"的趋势,呈现更加开放、更趋多元、更趋协调的新发展格局。面对复杂多变的经济形势,作为典型的外向型经济城市,厦门继续保持龙头地位。

福建在多年来的发展进程中,紧紧抓住国家在不同发展阶段赋予的政策优势和重大机遇,注重用好先行先试政策,取得的成效包括:一是服务"一带一路",加快"海上丝绸之路"核心区建设。围绕"一带一路"建设,积极参与沿线国家和地区的交通、能源等基础设施建设,规模化、集约化、现代化水平显著提升。二是闽台合作持续加强,金融开放创新不断强化。闽台合作内容日益增多,合作范围不断扩大,从农业领域逐渐延伸到科技、旅游、金融、医疗、文创等其他领域。金融合作是闽台近期合作领域中的重要特色。三是营商环境持续优化。深入推进"放管服"改革,深刻转变政府职能,企业的幸福感和获得感不断提高。

8. 公共服务共建共享,社会整体福利水平提升显著

推进基本公共服务共建共享是保障社会整体福利水平,切实提升人民群众幸福感的重要保障,也是深化山海协作、实现区域共同发展的一项重要任务。近年来，福建省积极推动区域内公共服务协同发展：在财政金融方面，陆续出台了一系列保障政策，支持区域公共服务领域建设；在公共教育方面，以完善基础教育对口帮扶机制为抓手着力缩小区域间教育发展差距，并积极推动职业教育的协作发展和高等教育资源的共建共享；在医疗卫生方面，通过全面深化医药卫生体制改革，加大力度补齐短板，增强医疗服务能力，提升公共卫生服务水平，人民健康水平得到较大提高。这一系列举措为推进山海协同发展做出了积极贡献。

在财政金融服务协同发展方面，福建省陆续出台六个方面 26 条支持乡村振兴的财政金融政策，通过推进共建产业园区，支持已经认定的 23 个扶贫工作重点县市山海协作共建产业园区基础设施建设及公共服务。此外，按照省委、省政府挂钩帮扶工作有关部署，省财政厅在"十三五"期间累计投入帮扶资金 45.78 亿元，通过"党建+脱贫"方式，先后牵头挂钩帮扶三明市明溪县、宁化县，支持一系列公路、就业等民生项目建设。

在公共教育协同发展方面，目前福建省两大协同发展区已有 26 个县（市、区）建立帮扶机制。其中，闽东北协同发展区有 10 个县（市、区）建立帮扶机制，闽西南协同发展区有 16 个县（市、区）建立帮扶机制。2017 年至今，两大协同发展区内实施中职学校对口帮扶计划，闽东北协同发展区对口帮扶 7 对，闽西南协同发展区对口帮扶 4 对。此外，福建省立足自主建设，采取"政府推动、高校为主、社会参与"的方式，集聚优势力量和优质资源，引入竞争机制，坚持以公益性服务为基础，建立在线开放课程和平台可持续发展的长效机制。

在医疗卫生协同发展方面，福建省实施委省共建，推进医疗"创双高"和区域医疗中心建设，与国家高水平医院建立"一对一"合作共建关系，推进 3 所高水平医院、21 个高水平临床医学中心和 90 个临床重点专科建设，实现高位嫁接、技术平移；同时，开展县级医院综合服务能力提升建设，实施对口帮扶，提升基层医疗卫生机构服务能力。另外，福建省积极推进医疗、医保、医药"三医联动"改革，现代医院管理、分级诊疗、全民医保、药品供应保障、综合监管五项制度建设取得新突破，公立医院综合改革效果评价连续五年位居全国前列，多项医改经验已向全国推广。福建省居民主要健康指标继续保持在全国前列，以较少的卫生资源实现了较高的健康效益。

在人力资源协同方面，福建省制定实施了一系列支持人才创业创新创造的政策，打造"人才福建周""人才创业周""海归英才八闽行"等一批特色引才品牌，实施"青年拔尖人才""师带徒"等一系列人才计划，千方百计引进培养"高精尖缺"人才。"十三五"期间，福建省共引进 ABC 类人才 3511 名，工科青年人才 9854 名。另外，福建省通过"互联网+人社"建设，基层平台实体建设已覆盖所有区县，高频服务基本实现"一趟不用跑"。

三、山海协作进程中存在的问题

福建省在山海协作发展方面取得显著成效的同时，一些制约协作及其溢出效应发挥的潜在障碍也正在逐步显现并亟待解决。

一是福建正在更高层次统筹推动山海协作向纵深发展，在取得显著成绩的同时，一些制约协作与溢出效应发挥的深层障碍正在逐步显现并亟待解决，如对接部门条块分割与工作效率差距、产业园区共建主要依靠政府推动、区域间缺乏协作治理且合作层级偏低、山区基础设施建设水平较低等问题严重制约山海协作的纵深推进。

二是福建省内区域发展存在一定差距，不同城市的行政级别差异也较大，行政区域的划分阻碍了资源要素的流通；尚未形成稳定的制度结构，也缺乏区域长期紧密合作的积极性，协同发展重大项目接续不足；区域内中心城市对周边城市辐射带动能力较弱，同城化进程还需在体制机制方面取得突破；等等。

三是福建重点城市协同发展仍存在障碍。首先，面临缺乏顶层制度设计的问题，如规划和协同创新体制机制不完善、协同创新发展缺乏动力、区域资源创新利用平台不足等。其次，行政干预过多导致市场作用有限，强政府带来不公平的区域市场竞争环境，以 GDP 为导向的发展模式造成经济社会发展出现一定的失衡，民营经济发展尚不充分。再次，城市地方保护主义强，要素跨区域流动弱，以城市行政边界为单元的政绩考核体系、绩效评价体系难以适应区域协调发展需求，行政壁垒导致区域发展缺乏合力。最后，缺乏城市间利益共享共担机制，城市发展不平衡不充分问题依然显著，城市经济总量和城市工业发展水平差异较大，城市公共服务设施配置不均衡现象突出。

四是福建省旅游经济快速发展的同时，也存在诸多问题。其一，旅游项目同质化，旅游产品体系有待完善。其二，当前福建省旅游产业旅游消费不高，综合效益有待提升。其三，多元文化为福建文旅产业发展注入了活力，但是产品开发难度较大，企业高投入、低效益，创新意愿不强，文旅融合发展空间受限。其四，旅游企业整体较为分散，产品协同开发不紧密，无法形成较大的规模效应。其五，随着福建文旅产业融合发展，人才缺乏也制约着福建山海旅游协作的发展。

五是适应高水平对外开放协同发展的体制机制不完善。一方面，开放型新动能尚待培育，经济发展的比较优势不足。相对于沿海其他发达省份，福建市场化程度不高，工业基础比较薄弱，产业集聚能力偏弱，缺乏龙头企业，产业链存在短板，高端人才不足。另一方面，对外贸易发展不平衡，"一带一路"合作国家少。从与福建有贸易往来的国家和地区看，其出口国家和地区主要是美国、菲律宾、日本、德国、英国等，对"一带一路"国家和地区出口占总出口的比重相对较小。同时，福建省外商投资实际吸收利用能力较弱；福建省外商投资占全国的比重持续下降；近十年来，外商投资在福建经济增长中的动力作用不断下降，外商投资增速放缓；利用外资的结构层次不高，产业带动能力不强。

四、提高山海协作质量的政策建议

福建正在谋划和推动更高层次的山海协作，针对当前存在的问题，为推动福建省山海协作取得新进展，本书从完善体制机制、促进产业协作、推动山海文旅协同发展、提升基础设施互联互通、都市圈协同建设与扩大对外开放等方面提出了进一步提升福建山海协作发展质量的政策建议。

体制机制方面：要推进有为政府与有效市场和谐共振，坚持市场主导，充分发挥地方政府的引导调控作用，促进要素跨城市自由流动，加强高端要素和公共服务供给，建立协同发展的治理体系；积极探索山海多种合作方式，建立利益协调机制。一是构建有利于共赢发展的产业援助机制，既要满足山区发展的迫切需求，又要解决沿海发达地区发展空间不足的矛盾；二是引入市场化机制，探索优质公共服务山海共建共享机制，建立公平、包容、优质的公共服务体系；三是建立市场化运作、社会化动员、规范化管理的革命老区基础设施建设投入和运营机制，着力解决闽西革命老区基础设施建设资源投入大、运维成本高、回报周期长的问题；四是积极推进财政体制改革，创新财政支持方式，通过财政金融协同联手形成支持发展合力，充分发挥财政"杠杆"作用，支持区域间经济协作。

产业协作方面：一是进一步完善顶层框架设计，加强产业规划引导，建立利益共享机制，保障产业协作共赢；二是对标国际国内先进，持续优化营商环境，提升产业协作质量；三是推动产业链创新链融合，促进产业布局优化，培育新动能，提升全球生产网络价值链地位；四是依据各自优势完善产业配套，构建山海协作产业生态系统；五是瞄准高技术制造业、生产性服务业等领域，着力推进协同招商、产业链招商，生成一批带动性的招商项目。

山海文旅协同发展方面：一是优化旅游发展格局，推动山海旅游协同发展；二是打造旅游精品线路，推进旅游提档升级；三是延伸旅游消费链条，激发旅游消费潜力；四是培育和招商并举，做大做强旅游企业主体；五是通过数字赋能，打造智慧旅游；六是完善公共服务体系，营造良好市场环境。

基础设施互联互通方面：一是加强制度建设和顶层设计，探索行政区域一体化；二是合理分配各地发展利益，缩小地区间发展差距；三是坚持开放融合和远近结合，强化各种交通运输方式高效衔接，推进综合交通一体化发展；四是构建区域统筹协调新机制，不断优化全省区域经济布局；五是构建区域协同联动新机制，引领和带动全省区域的协同联动发展；六是构建区域互利共赢新机制，因地制宜培育和激发区域发展动能。

都市圈协同建设方面：从基本发展思路来看，福建重点城市协同发展需要进一步提升山海协作、福州都市圈—厦漳泉都市圈协作水平；进一步强化重点城市的增长极作用，提升粤闽浙沿海城市群发展水平；进一步推进福州都市圈和厦漳泉都市圈高质量发展，多维度提升一体化水平。从关键领域来看，要建好协作发展新平台，建立城市群发展基金，开展不同层次合作；统筹公共设施建设，推进跨市基础设施互联互通，促进城市基本公共服务制度衔接，加强城市间公共服务的多领域合作，增强基本公共服务保障能力，推动城市间公共服务共享；进一步完善发展合作规划，健全城市规划编制与评价制度，实施差别化的城市政策，完善城市协调政策，构建有利于城市间合作的政策体系；建立健全多元化生态保护补偿机制，对国土空间进行综合管控，完善城市间生态保护补偿机制，开展国土资源生态修复，助力生态福建高质量发展。

对外开放方面：加强政府引导作用，持续完善对外协作体系。以建设高水平开放型经济体制为指导，吸收借鉴国际成熟市场经济制度经验，持续完善对外贸易体制、外资管理体制、跨境金融监管体制，健全开放安全保障机制等。具体来说，一是拓宽对外开放领域，积极发展服务贸易，持续推进金融服务贸易对外开放，依托福建自由贸易试验区，探索放宽银行、证券、保险等领域的外资准入限制；二是继续深化两岸金融业合作和融合，吸引更多中国台湾金融机构入闽；三是依托海峡股权交易中心，建立有效的转板机制，建立多层次资本市场；四是深挖与"一带一路"沿线国家和地区的贸易合作，优化进出口结构，以共建"一带一路"为重点，持续扩大重点领域对外开放，推动贸易与产业协调发展；五是完善外资吸引保障机制，促进外资多元化，不断拓展引资新方式。

第一章 山海协作顶层制度设计

　　习近平总书记在福建工作时就提出"山海联合、优势互补、相互辐射、共同腾飞"的发展理念，并亲自谋划推动山海协作，促进山区发展。现阶段，"山海协作"成为福建省推动省内区域协调发展的重要抓手。长期以来，福建省域内部发展不平衡不充分问题比较突出，山海联动发展面临较多的障碍。为促进区域协调发展，福建省连续多年深入推进山海协作发展，缩小地区发展差距，现阶段正在重点推进闽东北、闽西南两个协同发展区建设，统筹部署了福州、厦门、泉州等沿海强市对口帮扶南平、龙岩、三明等发展条件较落后的地市和漳州、宁德等地市的部分山区县。目前，随着交通基础设施互联互通取得明显进展，福建省山海协作取得了较大进步，产生了许多合作成果，形成了一些典型的经验，其中，产业援助机制、公共服务共享机制、基础设施建设机制、人力资源保障机制等对推动区域协调发展发挥了重要作用。

一、产业援助机制

　　福建省"结对子"对口帮扶的机制重点放在了产业协作方面，从源头上培育欠发达地区经济发展的能力。此外，福建省坚持政府推动、市场引导、多方合力、互利共赢的思路把产业援助机制做实做细，探索出来了一些有示范推广价值的好经验、好做法。

1. 针对性出台产业援助政策措施

以前，福建省沿海地区企业到龙岩、三明、南平等城市投资的意愿还不是很强，主要原因：一是地方政府主导下的产业帮扶注重短期利益，缺乏长期的谋划考虑；二是企业把产业帮扶工作视为履行社会责任的一部分，缺少长期维续的基础；三是山区县创业活力不足，地方政府对本地企业家的培育和扶持力度很小；四是山区县综合营商成本较高，龙岩、三明、南平等地市营商环境明显不如厦门、泉州等沿海城市透明、开放。在这样的背景下，为了改变这种状况，福建省委、省政府曾经通过山海协作重点项目贷款贴息、山海协作专项财政资金资助、结对帮扶等措施吸引了一批沿海企业到山区投资兴业。如2001年《中共福建省委、福建省人民政府关于进一步加快山区发展推进山海协作的若干意见》规定，到山区投资的沿海企业可在沿海申请贷款用于山区项目开发，企业与银行之间可依法办理异地资产抵押贷款。又如，2012年福建省委、省政府出台的《关于深化山海协作的八条意见》提出以山海协作共建产业园区为主要依托承接沿海产业转移。经过近十年探索，福建省山海协作的产业援助机制有了一些新突破、新探索，概括起来，主要有：一方面，地方政府探索建立互利共赢的合作机制。在要素配置方面，龙岩、三明、南平等地市山区县可以带着本地建设用地指标到沿海设立共建产业园区，建设用地指标按"高于成本价、低于市场价"向福州、厦门、泉州等沿海城市有偿转移调剂使用，从而弥补沿海地区建设用地指标的缺口；在功能分工方面，福建省山区县逐渐建立了面向沿海地区的优质绿色农产品输出基地，重点配送沿海地区市场，进而缓解沿海地区"菜篮子"压力；在园区共建共享方面，沿海和山区正在探索建设双向的飞地型产业合作园区，鼓励山区县带着建设用地指标、资金、政策和团队到福州、厦门、泉州等沿海城市的重点产业发展区域的规划范围内设立合作园区或研发总部，通过利益共享机制实现GDP、税收共享。另一方面，赴山区投资的沿海企业建立资源优势转化机制。有些沿海地区的行业龙头企业带着政府任务或者通过政府牵线搭桥到山区县投资设厂，虽然投资风险较高，但经过多年努力奋斗和克服困难，逐渐将山区县生态、劳动力、政策等资源优势转化为竞争优势，投资收益有了保障，产业援助项目运转也具有可持续性。

不过，沿海企业到山区投资也存在项目协议落实不到位问题，地方政府负责官员变动是导致这种问题出现的主要原因。为此，下一步要完善政府与企业互动机制制度性保障。为了让沿海地区企业能够长期扎根在山区县投资兴业，从省、市到县的各级政府都应有相应的制度性安排，政府要率先做好契约精神的守护者，以确保企业投资利益不因政府主要负责人变更而发生剧烈的变化。

2. 行业龙头企业跨地并购整合

企业跨地并购是推动山海产业链互动、协作的有效途径。2001年2月，《中共福建省委、福建省人民政府关于进一步加快山区发展推进山海协作的若干意见》提出，鼓励沿海优势企业以资产为纽带、以产品为龙头，通过跨地区控股、参股、收购、联合、兼并等形式，与山区企业组成企业联合体，实现跨地区资产重组和优势企业扩张。在实践中，福建省政府曾引导行业龙头企业牵头，通过跨地并购资产进而推动矿产资源整合。如稀土产业上下游产业链整合，实现了山区稀土资源开发保护、初加工与沿海地区深加工、研发相互衔接，形成了相对完整、可控的产业链。但稀土产业整合是由政府力量强力推动的结果，并不是每个行业都要通过政府强介入、干预。从目前来看，在市场竞争比较充分的行业中，沿海地区行业龙头企业跨地并购的现象还不是很多，主要原因是山区企业规模普遍较小，品牌知名度不高，行业龙头企业对这类企业的并购意愿不强，其他原因还包括山区地方政府服务企业能力较弱、人才供给不足等。

基于上述分析，下一步如何通过政府和市场更有效结合来推动行业龙头企业跨地并购，从而实现行业整合，是山海产业链协作的突破口。从实践上看，宜从以下方面率先实现突破：一是建立省级产业基金引导机制。在行业龙头企业推动行业跨地并购中，如果省级产业基金能够参与投资，那么这些行业龙头企业就会有更高的投资并购意愿，降低异地投资风险预期，也有利于山海协作诞生更多的产业链"利益共同体"，最终逐步改变山区产业"散小乱"的局面。二是健全产业结构优化调整机制。为了推动山海产业链更有效协作，无论是沿海地区还是山区都要有强烈的合作愿意去推动本地区产业结构调整升级。沿海地区应因势利导推动本地区鞋服、机械加工等劳动力密集型行业龙头企业率先跨地并购，并逐步将产业生产加工基地向山区转移。同样地，山区不仅要"筑巢引凤"来吸引行业龙头企业并购投资，还要优化调整产业结构，推动本地企业与外来的行业龙头企业"同频共振"，最终实现"引进一家大企业投资，带动一大批企业崛起"。

三是建立并购项目盘活机制。虽然引入沿海行业龙头企业并购投资对于山区发展而言是后发赶超的机会，但龙头企业能否盘活并购企业项目却面临多重挑战。为此，地方政府需要提供必要的支持，特别是要解决被并购企业人员安置以及遗留的股权债权历史遗留纠纷等问题，让被并购的企业"轻装上阵"。总之，上述机制协同发挥作用才能有助于山区吸引沿海行业龙头企业跨地并购和降低企业投资风险。

3. 行业龙头企业异地布局基地

目前，泉州等地鞋服龙头企业到龙岩投资建设生产加工基地的现象日益增多，成为带动山区脱贫致富的重要途径。从实施效果看，沿海地区环境友好型的劳动密集型产业向山区梯度转移，不仅有利于因地制宜发挥当地比较优势，带动当地居民就业增收，还有利于奠定当地的工业化基础，保持当地经济持续发展的活力。以晋江市帮扶长汀县为例，2012年以来，两地签订了《晋江市—长汀县对口帮扶框架协议书》《晋江（长汀）产业园建设框架协议》《晋江市长汀县山海协作对口帮扶协议（2014~2016年）》等合作协议，根据政府推动、市场主导、优势互补、互利共赢的原则，政府牵线搭桥，促成了本地鞋服、纺织、机械等行业龙头企业纷纷到长汀投资设厂，带动吸引更多晋江企业到长汀投资兴业，从而逐渐形成了一个初具规模的长汀晋江工业基地，成为带动当地经济发展的增长极。但沿海行业龙头企业赴山区建立生产基地面临着一些突出问题，主要包括：一是物流不畅和物流成本增加。山区远离消费中心，交通物流便利性较差，制成品要运到大城市销售不得不支付更高的物流成本。二是营商环境较差。山区地方政府官员发展观念封闭保守，服务企业意识薄弱，办事效率较低，使企业面临较大的制度性交易成本。三是劳动力生产效率较低。当地从业人员工作熟练程度和敬业精神不如沿海地区训练有素的工人，这种素质差距会带来劳动生产率的下降。

上述问题都可以通过山海协作途径来解决或降低负面影响。从行业龙头企业异地产业布局的实践来看，通过山海协作途径建立产业链治理机制包括：一是建立以大带小协作发展机制。地方政府要充分调动行业龙头企业的积极作用，使之充分释放出来，通过行业龙头企业强大的生产网络带动当地中小企业与之形成协作配套关系，于是就可以把产业配套作为产业招商和大众创业的"引爆点"和突破口，打造产业链生态圈。二是建立龙头企业创新扩散机制。来自沿海的行业龙头企业不仅能够带来产业发展的机会，还能够发挥创新溢出效应。地方政府要把外来行业龙头企业作为本地创新的强引擎，依托这些企业搭建各类技术创新平台，顺势帮助本地企业建设产业发展的创新公地，同时也要借助行业龙头企业的优势创新平台作用，从外地吸引高层次人才落户。三是建立发展环境重塑机制。行业龙头企业落户必然对当地的园区配套和城市管理提出更高的利益诉求，地方政府要积极满足企业的这些诉求，积极提高园区乃至城市营商环境和城市品质，使行业龙头企业更好地融入城市发展。总之，上述机制协同发力能够有效解决行业龙头企业异地产业布局的根植发展问题。

4. 以生态资源产业为重点促进山海联动发展

福建省生态资源比较丰富，生态优势十分明显，但生态资源产业却有很长一段时间没有形成规模，生态价值的实现未能充分反哺山区发展。为促进生态资源转化为产业优势，2001 年出台的《中共福建省委、福建省人民政府关于进一步加快山区发展推进山海协作的若干意见》明确支持山区培育一批有市场优势、品牌知名度较高的绿色农特产品和林果产品，支持山区开发旅游项目，积极发展旅游业。2018 年，福建省委、省政府印发的《关于打赢脱贫攻坚战三年行动的实施意见》明确提出要支持贫困地区依托特有的生态资源，积极开发特色林产业、观光林业、休憩休闲、健康养生、生态教育等绿色生态产品和服务，培育一批乡村生态旅游品牌，将生态优势转化为经济优势。如晋江市携手长汀县通过"念好'山海经'、同走'共富路'"推动山区农特产品到沿海展销，建立生猪直供基地，开辟山区优势特色农产品销售渠道。又如，厦门思明区国有企业在三明市尤溪县投资设立生态种养殖基地，将优质鲜蔬直销厦门市场。

然而，从山海协作来看，现阶段福建省山区生态资源产业发展遇到一些问题：一是生态资源产品呈现形式具有碎片化的特征，茶叶、菌菇、中草药等生态产品和生态旅游处于"各自开花"的状态，这些产业彼此之间缺乏统筹发展，没有形成链条化、网络化、集群化的发展势头。二是生态资源产品深加工程度较低，品牌知名度和附加值并不高。三是从事生态资源产品生产活动的人员进入高龄化阶段，资源产品生产自动化程度不高，产业发展难以为继。四是生态资源产业"低、散、小、乱"竞争格局没有得到扭转，导致整个行业发展层次较低，难以实现升级，也没有做大。这些问题成为长期制约福建省生态资源产业发展的瓶颈，但也是山海协作的巨大潜力所在。

如何将福建省的生态资源优势顺利转化为山海协作的"聚宝盆"，是值得深入思考的现实问题。福建省沿海地区拥有企业资源和消费市场，而内地山区拥有生态资源优势，两大板块实现优势互补、联动发展具有潜力和现实条件。从实践上看，山海协作推动生态资源产业做绿、做强、做新，应该着力建立健全以下三种机制：一是生态价值定价机制。山区生态资源产业价值要重新进行科学评估，生态资源产品要探索分类、多元的市场化定价机制，针对不同类型的生态资源产品引入差异化的定价机制，让从事生态资源产业的市场主体有利可图，同时也让消费者感受到生态资源产品价值。二是生态资源产业可贸易机制。沿海地区是山区生态资源产业的消费市场，虽然并非所有的生态资源产品都具有可贸易属性，但即使那些传统方式不具有可贸易属性的生态资源产品只要经过数字技术手段就可能实现部分可贸易。如生态旅游业通过 VR 等技术建立远程旅游场景或作为附属产品潜入影视、娱乐等文化服务业，就有机会实现部分功能可贸易。三是生态资源产业创新创业机制。生态资源产业涵盖了农业、工业和服务业三大门类的细分行业领域，具有三次产业融合发展的特质，并且由于资源的稀缺性，因此具有很高的市场价值。随着绿色发展日益受到重视和乡村振兴的深入实施，生态资源产业将成为继科创、文创以后具有较大前景的创新创业主战场，必将吸引越来越多的资本和人才大举进入。因此，地方政府要结合乡村振兴和山海协作发展的需求，先易后难、精心设计打造一批面向山区的绿色发展的众创空间，将乡村振兴、支农扶农等相关政策有效整合和打包，并精准推送给创业者或创业团队，把武夷山、土楼、大金湖、冠豸山等知名旅游目的地打造成创业者的大本营。以上机制联合发挥作用将带动福建省生态资源产业从产品销售型业态向产品与服务体验型业态升级。

二、公共服务共享机制

1. 体制改革先行助力优质公共服务资源共享

2021 年 4 月，《闽东北闽西南两个协同发展区建设领导小组办公室关于做深做实新时代山海协作　进一步加快两个协同区发展建设的通知》提出今后要加强闽东北和闽西南两个区域深化公共资源共享，推进就业、教育、医疗卫生和文体资源共享，支持集团化办学办医、远程教学医疗、教师和医护人员异地交流。这份文件在总结两大协同发展区前几年公共服务对接协作工作的基础上对下一步工作做了具体的部署。经过实践探索，闽西南协同发展区在推动教育、医疗等公共服务资源共享方面率先实施了一系列改革举措。如在医疗方面，推动医疗机构发挥学科优势建立医联体，促进医疗信息共建共享，落实各地区医院号源共享、分级诊疗的跨地市转诊和健康档案、检验检查报告互认共享等机制，厦门市从当地优质医疗机构中选派医生对口帮扶山区乡镇卫生院等。又如，在教育方面，闽西南地区五市开展了对口助学，合作办学，联合招生，共享研学、培训和教研资源等工作，取得阶段成效。此外，闽西南五市已实现社保医保转移接续、人才交流大会共办共享、人力资源跨地市配置、就业创业共扶共推等。相比之下，闽东北四市一区推动教育、医疗、就业、社保等方面协作起步较晚，但也进入实质性合作阶段。

应该看到，虽然这些年福建省山海协作推动公共服务协同发展成效逐渐显现出来，但教育、医疗、就业服务等方面发展不协调不充分问题还比较突出，福州、厦门等中心城市集聚了全省较好的中小学校和高水平医疗机构，各地市在社会保障、就业创业服务等其他公共服务领域也存在着明显的地区差距，地方政府公共财政投入差距较大导致上述问题长期没能得到很好的解决。现阶段，福建省山海协作推进公共服务共建共享的目标已从地区基本公共服务均等化逐步转向优质公共服务扩大辐射范围，这是需要体制改革深化攻坚的领域。从实现共同富裕的高度出发，福建省通过体制改革推动公共服务平衡发展要抓住以下几个突破口：一是按照国家基本公共服务标准体系统筹配置全省基本公共服务资源，使基础教育、医疗卫生、社会保障、就业创业、养老、文化等基本公共服务投入与按常住人口测算人均投入标准大致相当，中央下拨和省级财政优先向基本公共服务投入缺口较大的地市倾斜。二是打通教育、医疗、养老、就业等基本公共服务事项跨地市转移接续的管理障碍，建立全省中小学教师、医生等专业技术人员招聘、选拔、职称评聘等统筹机制，通过政策引导发达地区教师、医生到欠发达地区支教、送医。三是完善高层次专业技术人才流动机制。龙岩、三明、南平、宁德等地市和沿海山区县的优秀中小学教师及高级职称医疗卫生技术人员跨地市或市域内调动要严格审批，杜绝相对发达地区高薪挖人才现象。四是实施高质量的新市民化。随着龙岩、三明、南平等城市的人口流向福州、厦门、泉州等城市，流入城市应率先探索高质量的新市民化，建立以常住人口为基础的包容性公共服务体系，妥善解决外来人口的教育、医疗、住房等问题，使外来人口留得住、过得好。当然，以上机制不是孤立的，要先易后难，统筹推进。

2. 机构对口帮扶激励机制促进山区公共服务升级

如上文所述，在中央和省政府领导下，福建省对口帮扶机制已运转多年，也积累了很多有价值的经验。2018年福建省委、省政府印发的《关于打赢脱贫攻坚战三年行动的实施意见》提出，通过山海协作对口帮扶山区加强教育发展、医疗卫生等公共服务提升。总的来说，现行的对口帮扶是省级政府主导、逐级分解的工作任务，是沿海发达地区地方政府通过干部交流、资金帮扶、产业援助、社会帮扶等途径，广泛动员各类社会资源帮助受援的欠发达地区经济社会发展的模式。在公共服务方面，福州、厦门、泉州等城市的教育局、卫生局、人力资源和社会保障局等部门选派教师、医生等力量赴受援地开展支教、义诊等活动以及对口招生等，取得明显阶段性成效。这些对口帮扶工作改善山区公共服务的效果如何继续得到巩固是值得关注的问题。此外，目前的帮扶方式比较单一，并没有随着时代和环境变化做出适应性改变，由此导致收效不如以前那么明显。

山海协作对口帮扶是中国特色社会主义制度优越性的充分体现，在脱贫攻坚中曾经发挥过重要的作用。当前，福建省通过山海协作对口帮扶促进公共服务共建共享应着重做好以下工作：一是人才培养帮扶。福州、厦门、泉州等城市要依托本地优质职业技术院校，面向龙岩、三明、南平以及宁德、漳州部分山区县设立专项招生计划，面向山区县定向培训实用新型技术人才。二是科技帮扶。福州、厦门、泉州等城市要选派专家学者和行业技术人员到山区产业园开展挂钩帮扶工作，形成山海科技协作直连直通，为有关行业提供科技服务。三是就业帮扶。福州、厦门、泉州等城市要鼓励本地企业赴山区县举办就业招聘活动，通过"送就业岗位"帮助山区县就业困难家庭拓宽就业渠道。四是发展基金引导。福州、厦门、泉州等城市要改变财政资金直接帮扶方式，把帮扶资金转为专项发展基金，采取差别化措施，如针对山区县创业项目采取股权投资方式，针对公益性项目采取资金补助方式。以上方式要相互结合，因地制宜施策，借助政府之手引入社会力量广泛参与。

3. 以新技术推广应用扩大优质服务辐射范围

随着数字技术广泛应用于教育、医疗、养老、文化等公共服务领域，福建省通过技术手段创新优质公共服务的山海协作方式，进而实现优质公共服务能够在更大范围内共享，这正是近些年福建省实践探索的方向。如闽西南五市共同打通教育网市域"鸿沟"，实现远程教育资源共享；福州优质中小学也在新冠肺炎疫情防控期间积极建设"教学共同体"，探索通过"空中课堂"帮助对口支援学校完成在线教学活动。但总体而言，这些做法还处于起步阶段，相关对接活动比较零散，还没有形成规模和体系。

鉴于体制机制短期内难以实现实质性突破，福建省对推动优质公共服务领域合作的需求又比较迫切，因而福建省沿海和内陆城市都应率先在基础教育、医疗服务、就业培训等领域建设"互联网+"平台，将全省优质教育、医疗资源及各县（市、区）教育、医疗和就业培训机构整合到该平台，采取以各级财政投入为主、吸引社会资本共同参与的方式建设覆盖各县（市、区）基层的远程同步教学中心、远程医学诊断中心和远程就业培训中心。在远程同步教学方面，各地教育部门应共同研究设立中小学校基础公开课程，面向重点学校和特色学校征集和拍摄课程，鼓励各基层远程同步教学中心自主选课和中小学生通过 APP 自主学习。在远程医学诊断方面，在县级医疗机构全面开展疑难杂症的远程诊断服务，由各地市知名医疗专家开展异地远程就诊服务。在远程就业培训方面，各地市人力资源和社会保障局、教育局等部门应加强就业培训、就业需求等方面合作，支持有关职业院校、社会职业培训中心等机构和用工企业合作设立远程就业培训中心，实现培训课程、就业渠道、就业信息等全链条打通共享。

4. 政绩考核体系创新

为了引导各级政府官员积极落实省委、省政府重大战略部署，福建省有关部门也通过官员交流任职、巡视、选拔任用等途径加强这方面的工作，已取得了一定的成效。目前来看，闽东北、闽西南两个协同发展区推进速度还不够快，改革创新力度不够大。

鉴于此，从激励机制角度看，福建省各级组织部门应从省委、省政府重大战略部署出发，制定闽东北、闽西南两个协同发展区建设的政绩考核评价指标体系，从产业协作、基础设施互联互通、公共服务共建共享、生态环境协同治理等领域细化考核指标，加大与纪检、媒体等部门协同工作力度，不定期开展明察暗访，邀请第三方深入实地进行工作评估，将综合考评结果作为地市和县（区、市）政府负责人工作业绩和调动晋升的重要依据。另外，加强舆论宣传引导，鼓励各类新闻媒体积极宣传报道这两个协同发展区建设的好经验、好做法，讲好协同发展区建设的好故事，引导社会各界群众广泛关注并参与推动协同发展区建设。

三、基础设施建设机制

1. 山海大通道"省投、省建、省管"机制

进入 21 世纪以来，福建省委、省政府继续坚持"要想富，先修路"的思路，把打通山海大通道作为基础设施建设的突破口。2001 年出台的《中共福建省委、福建省人民政府关于进一步加快山区发展推进山海协作的若干意见》明确提出，对于连接山区与沿海和周边地区的通道以及列入省级公路网规划的公路建设优先支持，对于跨地区的重要经济交通干线要在全省规划中统筹考虑。2003 年福建省委、省政府印发的《关于拓宽山海协作通道加快欠发达地区发展的若干意见》也提出，对欠发达地区高速公路、铁路等交通基础设施重大项目予以优先立项以及积极争取中央财政、国债资金、国际金融组织和外国政府贷款支持。经过十多年的建设，福建省山海大通道建设取得较大进展，成为全国少数几个能够实现"县县通高速"和"市市通动车"的省份之一。相比之下，在能源基础设施、数字基础设施等领域，福建省山海之间的天然气大通道建设还处于起步阶段，"数字福建"正处于升级阶段。

然而，受制于山区、丘陵地形和人口密度较低，福建省山海大通道的基础设施建设具有成本高、收益低等特点，政府投入太多，社会资本投资意愿不高，所以，下一步关键要解决资金来源问题。目前，福建借鉴国内外经验，破解山海大通道基础设施建设投融资问题，关键要引入创新机制，使参与各方能实现利益共

享。从实际操作上看，可以采取以下策略深入推进：一是建立项目化、社会化、多元化、政府国资主导的混合所有制平台公司。针对山海大通道建设资金需求量大、回收周期长等特点，省政府有关部门应针对不同项目设立混合所有制投资平台，吸引社会资本参与，并授权这家公司负责项目规划、建设、运营和资本化运作，支持这家公司通过发行企业债券、上市融资等途径扩大资本规模。二是建立以项目为导向、资本投资与运营管理相互分离的基金公司。省政府有关部门可以从山海能源、交通、水利、数字等领域大通道中选择合适的项目作为试点，政府拨付的有限财政性资金以基金形式存在，同时以项目为依托撬动银行、投资机构的资金进入，形成一个规模较大的资金池，用于满足项目开发建设资金需求，同时通过公开招标途径委托合适的项目管理公司负责项目运营。这两种模式都能够解决当前山海大通道建设的资金筹措困境，同时也能缓解省级财政资金紧张的压力。

2. 基础设施提质升级"省助、市投、县建"机制

这些年，福建省各地市的城市交通、能源、水利、通信等基础设施建设较以前有了大步飞跃，但县级及以下村镇的交通基础设施等级较低，水利基础设施老化现象突出，有些县城还没有接入天然气管网，许多偏远乡村还存在宽带接入、电视接收等方面的困难。这些问题反映了福建省基础设施发展还不平衡，包容性、普惠性、益贫性的基础设施建设还需更大的投入，但绝大多数山区县难以通过自筹承担这些投入。在这样的情形下，要实现全省城乡基础设施提质升级，关键在于创新资金筹措机制。

综合借鉴国内外经验，福建省新一轮城乡基础设施提质升级关键在于妥善解决龙岩、三明、南平以及宁德、漳州等部分山区县基础设施投入的资金问题，探索建立"省助、市投、县建"机制，具体而言，包括以下几个方面：一是福州、厦门、泉州、漳州、宁德等地市负责辖区内的基础设施提质升级，由本级财政自筹资金解决，有条件的市辖区和市（县）可自己承担部分资金投入，市辖区（县）负责组织基础设施项目建设。二是龙岩、三明、南平、宁德等地市和平潭综合实验区的城乡基础设施建设由本级财政自筹为主，省级财政予以必要的支持，各县（市、区）负责项目具体施工建设，引导社会公益资金参与帮扶，形成"市主筹、省补助、社会多参与"的资金筹措模式。三是整合各级各类相关项目资金。各地市政府要统筹中央和地方各级政府下拨的基础设施建设相关财政

资金，经省级政府审批，可以集中投入到重点基础设施或基础设施补短板的项目建设中。

3. 特殊类型地区基础设施"共助、自建"机制

福建省是革命老区、中央苏区集中连片的省份，也分布着几个少数民族地区以及一些远离大陆、发展水平较低的海岛。党的十八大以来，随着脱贫攻坚战的打响，福建省委、省政府把革命老区、中央苏区和少数民族地区作为脱贫攻坚的重点，采取了一系列有力举措改善这些特殊类型地区的基础设施。2019年，福建省出台的《关于做好革命老区中央苏区脱贫奔小康工作的实施意见》明确提出，推动中央苏区、革命老区铁路通道"外通内联"，实施一批高速公路新线建设项目，改造升级乡村公路，加大财政资金补助力度。同时，福建省把符合条件的少数民族乡镇和村纳入脱贫攻坚政策支持范围，在农业水利设施、农村电网改造、道路建设等方面予以资金支持。福建省特殊类型地区发展面貌经过脱贫攻坚战之后已经焕然一新，基础设施建设短板基本补齐，但与省内沿海发达地区还存在着一些差距，同时还有部分薄弱环节需要加固。此外，现实中，福建省特殊类型地区的基础设施建设资金长期处于中央和地方投资为主、地方财力投入有限的状态，要解决这个难题，关键在于建立相对稳定的资金投入机制，以便巩固脱贫攻坚成果。

"十四五"时期福建省革命老区、中央苏区等特殊类型地区发展已被纳入中央重点支持的"盘子"，中央和地方各级政府会采取措施帮助解决这些地区发展后劲不足的问题，形成"共助、自建"机制。在实践操作方面，主要建议如下：一是建立"省主管、市主抓、县主建"机制。按照三级政府协同抓好特殊类型地区发展的思路，福建省政府有关部门牵头联系革命老区、中央苏区、少数民族地区基础设施投资项目和资金，各有关地市负责抓这些基础设施投资项目的督促落实，革命老区、中央苏区和少数民族乡镇负责项目的具体建设。二是引入第三方监督和评价机制。福建省有关部门要严肃认真，经公开招标引入有资质、社会口碑好的第三方机构负责深入一线进行评估，调查项目落实的进度、质量和资金使用效率，及时发现基础设施投资中的违法违纪线索。三是鼓励基层主动改革创新。在省政府的授权下，革命老区、中央苏区和少数民族乡镇可以各自结合实际探索基础设施建设的改革模式，特别是利用市场化、社会化、数字化等手段加大

自筹资金的能力。

四、人力资源保障机制

1. 省委、省政府持续性常态化推进机制

随着闽东北、闽西南两个协同发展区建设上升为省域发展战略，福建省已设立了闽东北协同发展区办公室和闽西南协同发展区办公室两个办公室，并分别由福州市和厦门市牵头，由这两个中心城市分管市级领导负责担任办公室主任，办公室工作人员由相关地市抽调人员组成，同时组织开展产业、基础设施、科技、文化、教育、卫生等多个专题小组对接会，助力推动有关工作协同推进。当前这种推进工作是由福州、厦门两个中心城市负责领导牵头，相关城市参与，但规划落实和具体项目推进力度不够，难以形成协同发展的较大合力。为此，加强省级层面统筹，聚焦共识，先易后难、分步推进有关工作是非常有必要的。

为了适应我国重点区域一体化发展和率先实现共同富裕，福建省应建立强有力的协调机制，超大力度推进区域一体化发展，使之成为推动海峡两岸融合发展的主引擎。一方面，要建立省、市和县三级书记共抓协同发展的机制。加强党对这项工作的领导，强化"省统筹、市主抓、县落实"的机制，每年召开区域协调发展大会。大会既要晒成绩单，又要明确今后要抓的重点、突出问题和薄弱环节。另一方面，福建省人大常委会要将闽东北、闽西南协同发展区建设列入省级立法重点范围，用地方立法手段确保有关规划持续落实，避免因省级主要领导变动而可能导致的规划落实搁浅。

2. 社会动员机制

多年来，福建省各级政府广泛动员社会力量参与山海协作的有关工作。2012年出台的《关于深化山海协作的八条意见》提出，沿海地区选派专业技术人才服务武夷新区发展，支持院士到山区提供咨询服务、项目对接等，选派中小学优秀教师、医生、技术人员、文化工作者等到山区从事一定年限的支教支医、文化科技下乡等工作。这些政策得到社会各界的认可，为山区经济社会发展贡献了力所能及的力量，如沿海地区企业到山区县投资设厂或帮助山区县解决外出务工就业难题；又如，沿海地区企事业单位捐钱捐物，对口帮扶山区县中小学校办学。这类例子较多，各种形式的帮扶活动在八闽大地兴起，也吸引了社会的广泛关注、认可和参与。社会各界持续投入很多资金和人力，发生了许多感人的生动故事。

进入新时代，福建省动员社会力量继续推进山海协作的关键在于建立行之有效的机制，形成更广泛的动员力量。具体而言，包括以下几个方面：一是建立企业履行社会责任的参与机制。福建省有关部门应邀请第三方机构对企业履行社会责任，参与闽东北、闽西南两个协同发展区建设进行评估，同时引导金融、税务等机构充分运用评估结果，对有关企业在信贷、税收等方面按有关规定予以适当倾斜。二是建立社会公益组织协同参与机制。福建省民政厅等部门要把社会公益组织参与山海协作的工作作为这些社会组织年度检查的重要内容，引导社会公益组织力所能及组织动员社会各界的力量开展帮扶活动，特别是支农、支教、助医、关爱等。三是建立社会公众自发参与机制。各级政府要以社区为基本单元，将参与山海协作作为社区群众工作的一项内容，鼓励社区群众根据自身实际情况通过采购农特产品、捐款捐物、旅游购物等途径帮扶山区发展。总之，各级政府要充分发挥各类主体的各自优势，鼓励各类主体量力而行，积极参与山海协作，将其作为实现共同富裕的现实行动。

3. 劳动力就业机制

随着人口流动障碍的大幅减少和落户门槛的降低，福建省山区县人口向沿海集中趋势已经显现，这些转移人口到福州、厦门、泉州等城市就业、购房和落户，从而实现了市民化的梦想。与此同时，福建省政府在促进山区劳动力就业方面也有相应的政策支持，如2012年实施的《关于深化山海协作的八条意见》提出，安排省级财政资金用于山区劳动力培训，对口帮扶县（市、区）也要安排资金引导山区劳动力到本地重点企业就业以及安排本地中等职业技术学校和技工学校留出招生指标招收帮扶县的学生并推荐就业。从实践上看，山海协作就业帮扶主要表现在以下几个方面：一是福州、厦门、泉州等沿海城市在工业化过程中自发吸引了龙岩、三明、南平等山区的人口转移就业，使山区流出人口比较充分地得到了就业机会，同时也积累了雄厚的人力资本。二是沿海地区主动承接和解决对口帮扶县的剩余劳动力异地就业问题，帮助他们摆脱贫困和增加收入。三是山海协作就业网络日益发达，无论是政府劳动力管理机构、企业还是商会、同乡会等社会组织都积极介入，使山区外出人员能够获得更加充分的就业机会。四是山区县回乡创业现象日益增多。这个群体不断壮大使山区创业活力逐渐显现，并且新兴技术也使更多创业者能够在山区找到创业的平台和机会。当然，山海协作就业帮扶机制目前来看仍然显得比较松散，缺乏系统性、长期性。

从高质量就业出发，福建省今后的山海协作就业帮扶机制需要改变地方政府大而化之的促就业活动方式，针对实际情况开展一些务实管用的机制创新：一是建立校企协作机制，鼓励沿海地区企业与山区职业院校建立工学结合的用工合作机制，让企业将岗位需求提前释放到职业院校的招生和教学培养过程中，使山区职业院校毕业生能够无缝衔接地到沿海地区就业。二是完善"掌上就业"机制。福建省有关部门可以采取政府购买服务方式支持科技企业开发"掌上就业"APP，将各地人才市场发布的就业信息及时导入这个平台，让山区县求职者在家就能轻松地找到就业需求信息，还可以通过这个平台开发远程面试等功能。三是开发自就业岗位。随着数字经济方兴未艾和生态产品价值提升，福建省山区正在成为全省创业的新兴战场，越来越多的青年创业者回乡创业或下乡创业，实现自我就业。如果沿海资本和山区青年创业者能有效互动，就有机会掀起山区创业、自我就业的热潮。

4. 干部交流机制

抓住"关键少数"助力山海协作结出硕果是福建历届省委、省政府接力推动干部交流的初衷。2001年出台的《中共福建省委、福建省人民政府关于进一步加快山区发展推进山海协作的若干意见》规定，每年要安排省直单位、沿海地区与山区之间的双向交流，对于省直单位、沿海地区党政干部、青年干部、技术人员到山区工作，在职务晋升、职称评定、子女教育等方面予以照顾。其实，福建开展山海协作干部交流已有很长一段时间，沿海城市特别是厦门市领导到龙岩、南平、三明等地交流任职现象增多，这些领导干部带着沿海开放发展的观念来参与建设山区和改变山区发展面貌。客观地讲，在多年的实践探索中，这种做法取得了一定的效果。

然而，沿海干部到山区交流任职可能受制于山区发展条件和相对封闭的环境，以至于不能很好地发挥作用。从某种意义上讲，地方政府官员激励不足也是导致山区发展长期滞后的重要原因。为了改变长期以来的这种状况，福建省有关部门应统筹考虑完善干部双向交流任职相关机制，使干部双向交流更加充分，干部干事创业的热情能够迸发出来。具体机制创新包括：一是干部交流任期考核机制。对于从沿海到山区交流任职的干部，要设立任期考核的指标，加强对深化山海协作的目标考核，坚持任期考核与选拔晋升相结合，调动干部勤政干事的积极性。二是干部对口交流任职机制。福建省要督促结对帮扶的沿海城市做到脱困不脱钩，积极探索沿海输出干部与对这些干部双向考核相结合，鼓励建立山区协作发展的利益共同体。三是干部挂职选调留任机制。沿海城市可以选拔一批年轻、业务精、创新能力较强的干部到山区县挂职，原则上挂更高一级职位，让这些青年干部拥有更大舞台发挥自己的才能，同时也借此留住一些愿意扎根山区干事创业的青年干部。

第二章　构建产业区域协同新格局

长期以来，福建沿海与山区经济发展条件、资源禀赋、产业基础等因素的差异，造成了沿海与山区的不平衡发展。统计数据显示，福州、厦门、泉州三市生产总值占全省比例超过 60%。因此，福建省通过推进山海协作的政策措施，不断调整优化福建省经济结构，改变福建省经济发展的不平衡现状，经济发展实现大跨越，现代产业体系初步建成。产业协作是山海协作的重要依托，福建省通过发挥各地优势，促进区域内和区域间产业合理分布和上下游联动，实现产业的合理化布局，打破行政区划间隔，提升区域整体合力和竞争力，联手打造区域合作产业链和优势产业集群，为实现山海协作可持续健康发展奠定了基础。

一、产业协同发展现状与成就

习近平总书记在福建工作时，大力倡导山海协作、联动发展。近五年来，福建不断丰富和完善山海协作模式，奏起"红土地与蓝海洋协奏曲"，加快产业布局优化和推进闽东北、闽西南两大协同发展区建设，在交通互联互通、优势产业互补、民生福祉、生态保护等方面强化协同合作，形成了互补、融合、联动的发展效应。实施山海协作为福建实现区域均衡发展提供了根本保障，沿海和山区的经济结构得到不断优化，取得了显著成效。

1. 持续壮大经济规模，提升发展质量

一是经济总量连上新台阶。近五年来，福建省地区生产总值连跨3万亿元、4万亿元两个台阶，2021年达48810.36亿元，从全国第10位上升至第7位；2017~2021年年均增长6.8%，快于全国1.3个百分点，居全国第7位。人均地区生产总值突破10万元大关，2020年达116939元，是全国平均水平的1.45倍，居全国第4位；2017~2021年年均增长5.8%，快于全国0.7个百分点（见图2-1）。

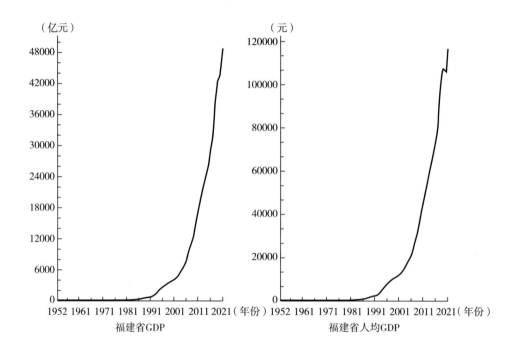

图 2-1 福建省 GDP 与人均 GDP 情况

资料来源：Wind 数据库。

二是财政实力稳步增强。福建省一般公共预算总收入从2016年的4295.36亿元增加到2020年的5158.43亿元，年均增长4.7%，比全国快0.8个百分点。其中，地方一般公共预算收入从2016年的2654.83亿元增加到2020年的3079.04亿元（见图2-2）。

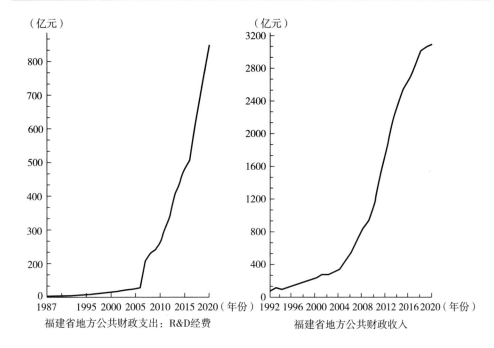

福建省地方公共财政支出：R&D经费   福建省地方公共财政收入

图 2-2　福建省财政收入和科技支出情况

资料来源：Wind 数据库。

三是科技支撑能力提升。2020 年福建省科学研究与试验发展（R&D）经费支出 842.4 亿元，比 2016 年增加 388.11 亿元（见图 2-2），2017～2020 年年均增长 16.7%，比全国快 5.0 个百分点；R&D 经费支出占全省生产总值的比重从 2016 年的 1.53% 提高到 2020 年的 1.92%。截至 2020 年底，全省有效发明专利从 2016 年的 23793 件增加到 2020 年的 50756 件；每万人口发明专利拥有量从 2016 年的 6.198 件增加到 2020 年的 12.775 件。

四是发展新动能增强。2020 年，福建省战略性新兴产业和高技术产业增加值占规上工业的比重分别为 25.6% 和 12.8%，比 2016 年分别提高 4.4 个和 2.7 个百分点。

2. 完善基础设施建设，山区经济增速显著提升

2000 年以来，福建省交通网络建设日趋完备，"两纵三横"综合运输通道建成，2020 年全省铁路营业里程达到 3774 千米，其中高快速铁路 1906 千米，高速公路 5635 千米，实现 80% 以上的陆域乡镇 30 分钟便捷上高速，高速公路密度排全国第三。与此同时，信息网络建设提速，2020 年全省电信业实现业务总量 3908.46 亿元，全省移动电话用户达 4739 万户，实现全省城乡和所有建制村光纤和 4G 网络覆盖、县级以上区域 5G 网络覆盖。2020 年，福建互联网发展指数居全国第八位，网络安全指数居全国第六位。

福建是沿海经济占比很高的省份，经济强市基本集中在东部。以西部山区南平、三明和龙岩为例，从人口规模来看，三市的人口总量都不超过 300 万人。从这三个城市的区位来看，西部与江西的山区相邻，东部与福建的沿海各市相连，由于山川阻隔，交通联系不畅，再加上地理条件的制约，经济发展相对滞后。但随着交通与信息网络基础设施的完善，三市的发展速度在 2000 年后得到显著提升（见图 2-3）。

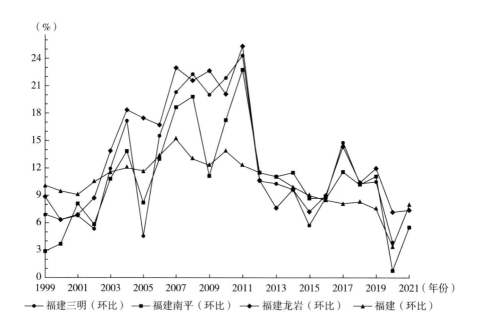

图 2-3 福建省与西部山区三地市 GDP 增速

资料来源：Wind 数据库。

3. 重点打造产业合作园区，推进山区产业升级与结构优化

推进共建产业园区建设，是实施项目带动战略，构建帮扶协作平台，促进山

区产业升级、结构优化，实现联动发展的重要途径。近年来，福建省陆续出台了《关于深化山海协作的八条意见》《福建省人民政府办公厅关于促进工业园区提升发展六条措施的通知》《福建省人民政府关于促进开发区高质量发展的指导意见》等政策措施支持山海共建园区发展。同时，根据福建省委、省政府关于推进精准扶贫打赢脱贫攻坚战的决策部署，每个省级扶贫开发工作重点县都要与沿海对口帮扶的县（市、区）建成一个山海协作共建产业园区。到 2020 年底，23 个山海协作园区已开发建设面积共 46.99 平方千米，累计投资 920 亿元，入园企业820 家，其中规上企业 228 家，园区从业人员 46900 多人，主要涉及竹木加工、机电、纺织、服装鞋帽、食品加工、机械制造、农产品深加工、生物医药等，以及少部分新能源、新材料、数字信息等产业。截至 2020 年底，23 个合作园区实现工业总产值 474 亿元，工业增加值 127 亿元，税收总额 10.5 亿元。

目前，全省 23 个省级扶贫开发工作重点县都与沿海对口帮扶的县（市、区）建立了山海协作共建产业园区，其中光泽县与惠安县共建园区设在惠安县，其余22 个均设在扶贫重点县。23 个山海共建园区基本都建立了工作机制，签订了共建协议，在规划制定、园区管理、合作开发等方面明确了双方的职责。各县把引进项目作为加快发展的重要抓手，在项目招商、技术人才、土地用地、厂房租赁、劳务用工等方面出台支持政策，不断完善软环境，促进园区发展。共建双方以产业项目带动为重点，依托园区开展产业对接，促进区外产业梯度转移，延伸产业链，形成产业集聚效应和山海产业互补格局。

专栏一　龙岩市依托山海协作飞地园区优化产业布局，推进产业结构升级

龙岩市按照"一产业一主导园区"布局规划，创新园区体制，拓展发展空间，推行"一区多园""一园多区"管理模式，大力发展"飞地工业"，深入实施"工业园区标准化建设三年行动"，加快完善园区基础配套设施，建设一批产业特色鲜明、服务功能完善的产业园区，持续提高园区产业聚集度。同时，牢牢树立"产业第一、企业家为大"的理念，坚持抓龙头、铸链条、建集群，精准实施"一业一策""一企一策"，全力培育支柱产业、龙头企业，对紫金矿业、龙工、龙马环卫等龙头骨干企业重点跟踪服务，在项目推进、用地用林、投融资等方面给予倾斜支持，推动企业增资扩产、做大做强，培育形成一批百亿级、十亿级企业。

有项目，后劲足。龙岩市坚持大抓项目、抓大项目，创新实行"一把手"招商、产业链招商、项目审批代办服务等招商机制，引进实施一批高端优质项目。制定实施领导挂钩、问题专报、正向激励等项目推进机制，突出抓好省"五个一批"、300个省市重点、60个"重中之重"等项目，常青三元前驱体、龙工履带式挖掘机、龙净智慧环保等一批重大项目落地实施，为产业发展壮大提供有力支撑。在此基础上，龙岩市委、市政府制定出台"六稳""六保"45条、工业发展18条、建筑业发展10条、服务业发展15条等政策措施，组织开展"知实情、送服务、解难题，促发展""千名干部挂千企""手拉手"供需对接等活动，强化政策宣传兑现力度，帮助企业解决融资、用工、市场开拓等实际困难，全力支持企业加快发展。目前，龙岩的产业结构不断优化升级，三次产业结构由2015年的11.2∶48.4∶40.4调整为2020年的11.1∶44∶44.9。服务业比重稳步提升，近20年首次超过第二产业，有色金属、文旅康养、建筑业产值突破千亿元。现有百亿园区6个、百亿工业企业4家、上市企业10家、新三板挂牌企业10家，拥有1个国家级开发区和9个省级开发区，并且与厦门市合作共建厦门龙岩山海协作经济区，产业聚集水平不断提升。

资料来源：笔者根据龙岩市政府网站公开资料整理。

4. 形成产业链上下游协作与空间布局协同，推动城乡统筹

龙头企业布局在沿海，配套产业链项目在山区，既形成产业链上下游的相互支撑，也在空间布局上形成相互协同，更在城乡协调发展上共建共享。山海协作、城乡统筹，逐渐形成了以福州都市圈和厦漳泉都市圈"两极"引领福建全省产业和城镇化布局，辐射带动周边地区联动发展态势。同时，闽东北、闽西南两大协同发展区建设稳步推进，体制机制优化、重大项目共建、公共资源共享、产业配套协作、生态保护协同、社会治理联动等方面取得阶段性成效，产业园区共建与城市发展更加紧密，产城融合发展效应日益显现。

宁德市在"山海协作、联动发展"战略推动下，把产业发展和区域经济统筹谋划，沿海的蕉城、福安、福鼎、东侨等县（市、区）分别对口帮扶山区的

屏南县、周宁县、寿宁县、柘荣县，把"山"这边的资源、劳动力、生态等优势与"海"那边的资金、技术、人才等优势有机融合起来，形成了锂电新能源、新能源汽车、不锈钢新材料和铜材料四大主导产业全闭环产业链和实体经济全域产业圈。

在福建省海拔最高的山城小县周宁，由宁德东侨开发区和周宁县共建的周宁站前工贸科技园暨国家级东侨经济技术开发区周宁分园稳步推进，宁德精准分析产业链条短板，以"山海联合招商机制"为突破口，持续招大引强、补链强链，2.59平方千米的"飞地"以"一区多园"的新形式承接锂电新能源配套产业链，获得5年150亿元的工业产值。得益于总部位于福安的青拓集团的辐射带动，周宁县李墩镇的不锈钢深加工产业园已有6家企业入驻投产，周宁不锈钢深加工产业园、柘荣乍洋不锈钢产业园、福安青拓不锈钢穿孔项目等一批关联项目落地，为周边村庄居民提供就业岗位600多个。

目前，23个园区新增落地项目147个，其中沿海及省外项目60个，占40.8%，如明溪县和鲤城区按照"两头在鲤城、中间在明溪"的合作模式，着力发展"飞地工业"，将明溪胡坊、沙溪工业集中区、氟新材料产业园建成鲤城高新区乃至闽东南产业梯次转移基地；霞浦县和晋安区通力协作，引导宇洋工贸等海产品加工企业入驻园区，帮助霞浦县开发海产品、发展冷链仓储和配套物流，促进产业链延伸；泉港区帮助宁化县企业与厦门大学建立博士后流动工作站、联合实验室及校企合作实训基地。

专栏二　浦城：聚力打造百亿生物产业集群

浦潭生物专业园规划面积13.33平方千米，是浦城县与厦门湖里区山海协作共建项目、南平市打造百亿生物产业集群的示范项目，2020年还列入福建省循环化绿色改造园区。该专业园按照"循环化绿色园区"发展理念，科学谋划、统筹布局，整体考虑园区路网、能源、环保等方面建设，目前已投入3.5亿元，建成了自来水厂一期（8000吨/日）、污水处理厂一期（6000吨/日）和横二路、纵二路、横四路、横九路及浦潭大桥等。浦潭生物专业园热电联产项目是南平市首个园区集中供热热电联产项目，由绿康生化股份有限公司投资建设，一期投资 2.5 亿元，占地 76667 平方米左右。项目投入运营达产后，可以日产蒸汽量 2000 多吨，将满足园区内多家企业的用热需要，同时年供电量超过 6000 万千瓦·时。

生物产业是浦城县的支柱产业。近年来，浦城县以浦潭生物专业园为载体，紧紧围绕"强龙头、补链条、聚集群"工作思路，聚力打造百亿生物产业集群。浦潭生物专业园目前引进了绿康生化、蒙正生物科技、正大生化、永芳香料等一批优势企业，2020 年完成工业产值 9.66 亿元，创造税收 0.79 亿元。仁宏药业、阳光碳素等新项目建成后将实现产值 20 亿元、税收 2 亿元。

资料来源：笔者根据厦门市政府网站公开资料整理。

二、福建省山海协作产业发展面临的问题

总体上，福建山海协作发展面临两方面的问题：一方面，南北之间，闽西南协同发展区在 GDP、固定资产投资等指标上均高于闽东北协同发展区，整体呈现"南强北弱"的发展态势；另一方面，山海之间，山区发展动力不足，部分山区市县产业项目支撑不足、民生配套滞后，沿海地区人均 GDP 指标与内陆山区的绝对差距不仅没有缩小，反而呈现出扩大趋势。当前，福建正在更高层次统筹推动山海协作向纵深发展，与此同时，一些制约协作与溢出效应发挥的深层障碍正在逐步显现并亟待解决。

1. 对接部门条块分割与工作效率差距，不利于产业协作顺利开展

山海协作各相关业务由不同政府部门负责，涉及政府办公室、党委办公室、财政局、经济和信息化局、地方发展和改革委员会、农业农村局、商务局、人力资源和社会保障局、文化和旅游局等多个部门，还建立了贫困乡镇对口帮扶机制，因此还涉及街道、乡镇，而共建产业园区一般又建立了园区管委会来统一负责，因此涉及部门特别多，就容易发生推诿扯皮以及有些业务找不到对接部门的尴尬情况。同时，沿海发达地区和山区的公务人员在工作理念和工作效率上也常有差异，

导致在对接和协作方面时有不顺，一定程度上也影响了山海协作的有效推进。

2. 产业园区共建主要依靠政府推动，不利于产业协作持续发展

一方面，项目落地仍存在困难。企业入驻山海共建产业园除了两地政府加以引导和鼓励，很大程度上还在于山区政府的各种配套政策。如果当地无配套政策，包括税收、土地购买的优惠，则很难吸引企业过去。多数扶贫重点县产业基础薄弱、物流成本高、技术人才缺乏，资源禀赋、基础配套设施与沿海明显存在差距，企业到山区县投资的意愿还不够强，导致引进项目呈现传统项目多、高附加值项目少、小项目多、大项目少的局面。另一方面，产业协作力度有待进一步加强。目前，共建园区合作双方虽然都签订了共建协议，建立了领导小组，但多数对口帮扶县（市、区）仅限于给予一定的帮扶资金，帮助园区基础设施建设，帮助开展招商引资，双方在园区开发建设和运营管理等方面协作不够深入，园区大部分由扶贫重点县单方主导，沿海帮扶方共投共管的主观动力不足，园区处于"帮建"而非"共建"状态。

3. 区域间缺乏协作治理且合作层级偏低，不利于产业链、创新链融合

长期以来，山海协作各行为主体的区域利益目标不够一致，产业发展基于行政板块各自为战，互补性差，缺乏产业协作治理。跨区域产业合作主要以产业项目转移承接为主，没能建立起以产业链分工为主导的自发式产业协同发展模式。特别是产业合作大部分地区处于产业链中、下游水平，闽东北地区在研发、设计、创新等价值链高端环节的参与度较低且领域过于分散，未能形成相互融合的产业链与创新链。同时，山海协作两地缺乏产业生态共生发展环境，尤其是山区创新能力薄弱，人才与支撑高新产业发展的配套体系不够完善，导致福州和沿海的科技资源难以顺利在山区实现转化，进一步割裂了山海协作产业链、创新链的融合。

4. 山区基础设施建设水平较低，不利于产业发展要素集聚

一方面，闽东北产业园区基础设施与综合配套服务设施还不够完善。由于闽东北山区重点帮扶县财力困难，投入有限，园区水、电、路等基础设施建设水平普遍较低，生产、生活配套服务能力较弱，不但影响企业人员日常生活，而且增加了企业运营成本。另一方面，共建的"飞地"园区的社会管理权责移交、管理机构设立、财税体系设置、人才落户政策以及合作重点产业等社会管理体制一

直不够清晰，企业用房、员工住房、员工子女教育、高端和特殊人才引进等政策不明晰，缺乏吸引力，导致企业不愿意在闽东北山区设立分支机构。

三、我国部分区域协同发展的经验

近年来，我国区域发展战略取得重要成效，如长江三角洲（以下简称长三角）城市群、粤港澳大湾区在推动跨行政区产业协同发展措施方面呈现出新亮点，重点以优化营商环境和产业链、创新链融合为抓手，推动区域产业发展实现更高层级的协同。

1. 长三角持续优化营商环境，着力构建一体化现代产业链网络体系

长三角一体化发展战略的使命就是要通过营商环境的优化，把长三角地区打造成为发展氛围更佳、体制机制更新、创新能力更强、竞争实力更高、企业活力更好的地区。"十四五"开局以来，上海对标国际，推进长三角地区营商环境高地建设，出台《上海市全面深化国际一流营商环境建设实施方案》，围绕"1+2+X"① 设计营商环境质量提升改革方案；江苏探索降低企业运营成本最优政策，出台《聚焦企业关切大力优化营商环境行动方案》，围绕 150 项任务清单，着力降低企业运营成本；浙江为民营经济健康发展营造公平竞争环境，出台全国第一部促进民营企业发展的省级地方性法规《浙江省民营企业发展促进条例》。

通过优化营商环境，长三角一体化产业协作更加顺畅，区域间协作模式变化明显。之前，长三角产业协作体系更多地表现为横向的小范围集中，也就是"产业集群"，随之也产生了"产业同构"的问题，而今则更多地表现为纵向的跨区域现代产业链网络体系，产业组织形式发生了根本变化。2021 年 6 月，长三角地区三省一市共同成立长三角集成电路、生物医药、人工智能、新能源汽车四个重点领域产业链联盟，依托新的区域产业组织模式，推动四大产业链"补链、强

---

① "1"是指上海率先试点的"一网通办"；"2"是指提升上海在世界银行和国家两个营商环境评价中的表现；"X"是指围绕加强、保护和激发市场主体活力提供的"一揽子"制度供给。

链、固链"。长三角地区的定位是建设世界级产业高地，聚焦产业链关键环节，强化布局，逐步构建起创新驱动、高端引领、赋能融合、链式发展的现代化开放型产业体系，核心产业链空间网络的中心由上海向苏州、杭州、南京、常州等次级中心扩散，形成产业链空间网络发育与一体化发展互为因果的产业协作发展动力。相比传统的"以邻为壑"的行政区经济，长三角区域一体化通过优化营商环境，促进产业链网络化发展，实现区内要素自由流动，缩小区域发展差距，从而形成一个更为协调的区域发展联合体。

2. 粤港澳大湾区围绕创新链部署产业链，以研发创新推进产业深度合作

粤港澳大湾区以建设具有全球影响力的创新高地为目标，通过科技创新连接各城市产业发展，各城市则依托各自优势积极融入大湾区产业分工，形成功能定位明确突出、发展方向特色明显和中心城市辐射带动力强的产业链跨区域分布发展新格局。香港北部都会区发展战略明确提出建设国际创新科技中心，横琴粤澳深度合作区重点承接新兴产业，广深科技创新走廊稳步推进，使广深港澳科技创新走廊日渐形成。在创新链的视角下，粤港澳大湾区重点城市科技产业创新具有明显的差异性和互补性，使产业链与创新链能更为直接、紧密地衔接，有效地推动了大湾区城市间的产业深度合作。

其中，东莞智造优势与深圳的科创和成熟完善的生产性服务优势有机结合，两者相辅相成、互利共赢，实现了产业高度协同发展。通过建设深莞深度融合发展示范区与共建综合性国家科学中心，助推两地产业链、创新链的升级迭代。将研发和营销总部建在深圳，制造工作、生产车间设在东莞，充分保障制造与研发的高效、便捷衔接，这背后不仅仅是简单的产业转移承接，更是长期以来东莞着力将"制造"升级为"智造"，配合深圳高新技术产业发展而形成的完善供应链体系；而深圳则着力依靠技术创新不断推动高新产业发展涌现新亮点，培育新产业成长，强化其在产业链与价值链更高层级的溢出效应，促进生产基地布局东莞，为深圳东莞协作乃至整个大湾区产业发展质量提升不断注入新动能。

3. 成渝双城都市圈着力推动平台与数字经济发展，构建产业生态系统

中共中央、国务院 2021 年 10 月印发的《成渝地区双城经济圈建设规划纲要》明确提出，以全球新一轮科技革命和产业链重塑为契机，从推动制造业高质量发展、大力发展数字经济与培育发展现代服务业等方面加快构建高效分工、错

位发展、有序竞争、相互融合的现代产业体系，构建成渝双城产业生态系统。

从具体措施上看，一方面，"十四五"开局以来，成渝双城都市圈按照"大产业、细分工"的产业协作模式，立足自身优势和区域特色，围绕各自制造业优势产业，整合优化重大产业平台，协同补齐产业链、建强创新链、提升价值链，强化重点企业配套，深化园区协作互动，推进毗邻地区产业合作园区合作，创新"一区多园""飞地经济"等建园方式，推动各类开发区和产业集聚区政策叠加、共建。另一方面，成都和重庆两市通过协力共建数字经济圈强化成渝地区工业互联网创新发展的协同支撑，合力打造数字产业新高地。通过开展跨区域的研发、制造、服务等全方面合作，围绕都市圈制造业产业发展技术需求，着力打造多方参与、多平台合作、产学研结合、技术转移和成果转化的产业链创新机制，面向重点行业领域共同培育新技术、新业态、新模式，构建智能制造生态系统。

四、推进福建山海协作产业发展的总体思路与政策建议

当前，福建正在更高层次统筹推动山海协作向纵深发展，在取得显著成绩的同时，一些制约协作与溢出效应发挥的深层障碍也正在逐步显现并亟待解决。如对接部门条块分割与工作效率差距、产业园区共建主要依靠政府推动、区域间缺乏协作治理且合作层级偏低、山区基础设施建设水平较低等问题严重制约山海协作的纵深推进。因此，本节针对山海协作产业发展面临的问题，从完善顶层框架设计、建立利益共享机制、提升营商环境质量和推动产业链创新链布局优化与融合、依据各自优势完善产业配套、构建山海协作产业生态系统五个方面提出政策建议，对助力推动福建山海协作产业发展取得新突破具有重要的实践意义。

1. 完善顶层框架设计，加强产业规划引导

一是要深入分析协作双方的短板需求、长板优势，明确共建模式，找准共赢方式，科学制定协作方案。从顶层设计上明确参与各市的责任，分层次推动山海协作区产业发展。通过制定产业规划引导，配合推动闽东北、闽西南协同发展区

规划的实施，指导各设区市按照发展规划明确产业协作目标、任务和工作重点，完善产业联动机制，加强跨区域产业承接、转移和协作，构建分工合理、资源共享、优势互补的产业合作体系，指导各设区市结合资源禀赋和发展特点，引导山区与沿海分别立足实际打造特色产业，力争达到相互补充、相互促进，推动山海共建园区与产业协同发展。二是要围绕基础设施提升、协作平台建设、生态产业发展、高端要素和公共服务供给四个方面，开展全方位、多层次协作交流，努力探索具有福建特色的协作路径。在重大项目和公共服务的布局上，要加强全省统筹规划力度，探索建立山海协作基金，拓宽资金筹措渠道和提高资金使用效率，创建一批山海协作示范点，发挥带动效应，着力推动整个区域产城融合发展。

2. 建立利益共享机制，保障产业协作共赢

产业协同是福建山海协作发展的实体内容和关键支撑，完善的利益共享机制是福建省产业协同发展的重要保障。要最大限度淡化参与山海协作以地方利益为核心的政绩观，树立山海协作区域的整体政绩观和国家政绩观，为山海协作区提供顶层设计和制度空间。因此，关键是要在山海区域内建立利益共享、风险共担、各方共赢的激励相容机制。要引导闽东北、闽西南经济协作区内相关开发区（园区）主动开展合作共建。山海共建园区双方应制定适当的互利共赢的利益分配机制，建议尽快由福建省山海协作领导小组牵头，会同财政局、地方发展和改革委员会、税务局、统计局等部门协商建立跨区域项目的税收分成和统计数据入统分配机制，进一步完善相关的 GDP 核算、招商引资、税收分成及绩效考核等共享机制，改变目前对口帮扶县（市、区）仅限于每年给予对应的扶贫开发重点县一定的帮扶资金、共建园区运营均由扶贫开发重点县一方主导的"帮建"而非"共建"、给"鱼"而非给"渔"的模式。对招商中不宜在当地布局的重大项目，通过资金补偿、建立"飞地"或转移产业园等方式，鼓励引导到符合布局区域落地建设，构建山海协作示范园区。通过经济利益的合理划分，使地方政府有动力、有能力推动产业协作。借鉴兄弟省市促进"飞地"经济发展的经验，建立生态补偿机制，使山区及欠发达地区经济发展和环境保护实现"双赢"。

3. 优化营商环境，提升产业协作质量

要集思广益，尽快出台促进山海协作营商环境优化的总体指导文件。针对重点产业、重点项目和重要合作园区构建营商环境政策体系，并逐步建立起促进山

海协作产业协同的区域政策体系。一是建立区域经济协作定期沟通交流机制，深入组织区域经济合作活动，打造区域产业融合发展平台，推动产业转移承接有序推进；二是统筹企业用地报批、项目审批等事项改革，降低山区企业和园区开发建设享受优惠政策的门槛，推动园区开展双边、多边、多层次、多形式的区域合作项目，重点发展符合山区资源特点的优势产业，实现两地资源互补、经济协调、可持续发展；三是探索试行山区重点开发县叠加享受对口帮扶县（市、区）相关优惠政策，体现共建产业园区政策倾斜，创新园区政策供给，探索将共建园区交予专业龙头企业运营，实现园区的管理由行政化向企业化、专业化改变；四是学习借鉴先进工业园区的建设理念，统筹考虑，科学部署，合理规划提升闽东北欠发达山区园区路网、动力、通信等基础设施建设水平，确保园区硬件环境的前瞻性、科学性和合理性。

4. 推动产业链、创新链融合，促进产业布局优化

要进一步深化协作格局，由平向转移转向链条布局，协同制定产业发展与空间布局规划。福州、厦门、泉州未来重点以研发转化为先导，推动先进制造业和战略性新兴产业新项目与闽西北具有产业优势的园区对接、孵化，增强产业疏解与承接的内生动力，形成研发转化产品高端制造产业链条，厦漳泉都市圈要率先组织打造"闽西南科技创新走廊"。一方面，促进科技创新协作。引导省级制造业创新中心、行业技术开发基地、企业技术中心等创新平台向共建园区企业开放共享，推动企业跨区域开展技术合作和人才交流。引导福州、厦门、泉州等地发挥高校、科研院所集聚优势，会同共建园区双方联合组织技术对接、创业创新活动，推动企业间、企业和高校科研院所间技术创新成果对接，鼓励建立产学研合作联盟，促进科研成果加快在共建园区内转移转化。另一方面，优化共建产业园区的产业链布局，围绕区域协同配套和产业链填平补齐，深化区域产业对接合作，完善招商协作平台。探索建立23个扶贫开发重点县及对口帮扶县（市、区）招商信息共享平台，实现招商信息共享，构建各地区招商引资利益共享和补偿协调机制，鼓励地市间联合出台招商引资优惠政策，支持共建园区开展产业链招商，承接省内外梯度转移企业、项目。

专栏三 福建省山海协作各地市发展定位与思路

实施新时代山海协作，扎实推进区域协调发展。要进一步明确各地市定位与总体发展思路。具体来说，要以福州和厦漳泉两大都市圈建设为引擎，带动闽东北、闽西南两大协同发展区建设。福州要坚持"3820"战略工程的思想精髓，做大做优做强省会，加快福州新区建设，加强历史文化遗产保护，加快建设现代化国际城市。厦门要弘扬特区精神，当好改革开放先锋，加快发展高新技术产业，发挥辐射带动作用，进一步建设好高素质、高颜值的现代化、国际化城市。漳州要发展特色现代农业，提升食品加工等产业发展水平，推进古雷石化基地建设，建设富美新漳州。泉州要弘扬"晋江经验"，加快数字化转型发展，推进新型工业化和城镇化，建设21世纪"海丝名城"。三明要深化林改、医改和教改，大力发展小吃、文旅、康养等特色产业，建设革命老区高质量发展示范区。莆田要秉承敢于探索、勇于创新的精神，加快传统产业转型升级和新兴产业发展，提升城市整体功能品质。南平要坚持生态优先、绿色发展，做大做强茶、文旅和康养等产业，建设好武夷山国家公园。龙岩要弘扬古田会议精神，厚植绿色生态和客家文化，加快老区、苏区振兴发展。宁德要加快三都澳开发建设，大力发展新能源新材料和先进制造业，建成全省高质量发展的重要增长极。平潭要围绕"一岛两窗三区"战略，大力推进综合改革，打造台湾同胞"第二生活圈"。要完善都市圈和协同发展区建设机制，加快基础设施、环境治理、公共服务等方面共建共享，推动产业合理分工、特色发展。实施城市更新行动，加快优化交通畅通、管网配套等基础设施。抓好以人为核心的新型城镇化，推动城乡区域基本公共服务普惠均等可及，促进农村转移人口全面融入城市。

5. 依据各自优势完善产业配套，构建山海协作产业生态系统

山海协作发展是两地或多地分工协作下的创新驱动发展，由福建省委牵头尽快打造一个良好的产业生态系统是实现山海协同发展的重要基础。具体来讲，一是围绕创新链部署产业链，聚焦厦门、福州、泉州科技创新优势和科技成果转化项目，鼓励行业龙头企业、高科技初创企业、上下游配套企业和生产性服务企业

向特色园区聚集，形成以厦门、福州、泉州为龙头的协同创新带。二是积极运用互联网、云计算、大数据、智能机器人等新技术改造传统企业，提升企业生产工艺和技术水平，开发新产品，拓展市场空间，把山区和沿海地区雷同的传统产业提升为各具特色的先进制造业，强化沿海和山区产业功能的互补与合作。三是山区主动对接沿海有疏解意向的企事业单位需求，有针对性地进行空间规划和厂房、楼宇等产业载体建设，完善产业园区软硬件环境，加强人才培训，按照各产业园区定位吸引大学、科研机构设立分院、实验室、创业园，围绕特色产业形成良好的"产业公地"①。

---

① "产业公地"是指根植于企业、大学和其他组织之中的研发与制造的基础设施、专业知识、工艺开发能力、工程制造能力等。这些能力共同为一系列的产业成长和技术创新提供基础，实现各个主体之间的共融共生。

第三章　重点城市协同发展

近年来，福建各地市协同发展成果斐然。粤闽浙沿海城市群在国家发展战略中的地位显著增强，重点城市区位优势进一步凸显；两大都市圈（福州都市圈和厦漳泉都市圈）相关规划编制工作进展顺利，实际工作有序开展；以重点城市为中枢的城市交通网络日益织密，交通体系持续优化；生态环境保护取得明显成效，城市生态保护补偿机制初步建立。

然而，在取得成绩的同时，福建重点城市协同发展仍然存在一定的问题，如：不同类型、地区城市协同发展缺乏顶层设计，同质化竞争明显；城市协同发展创新平台较少，协同发展的利益协调机制不健全，尚未形成强大合力，城市间发展不平衡不充分问题依然显著。本章在借鉴浙江山海合作工程和荷兰兰斯塔德地区国土空间规划的基础上，提出了福建重点城市协同发展的思路和对策建议。

一、福建重点城市协同的做法与成效

1. 重点城市在粤闽浙沿海城市群的地位日益凸显

《中华人民共和国国民经济和社会发展第十四个五年规划和 2035 年远景目标纲要》（以下简称《国家"十四五"规划纲要》）首次提出了"粤闽浙沿海城市群"的概念。截至 2020 年底，粤闽浙沿海城市群总人口超过 9400 万人，GDP总量达 7 万亿元，人均 GDP 超过 7.4 万元，GDP 的年均增速超过全国平均水平

（见图3-1）。其中，福建省2020年GDP总量达到43905亿元，占粤闽浙沿海城市群GDP比例超过60%。以常住人口和经济总量衡量，粤闽浙沿海城市群在全国19个国家级城市群中处于中等偏上位置。随之而来的是，福建各大城市紧抓粤闽浙沿海城市群发展机遇，推出一系列针对性发展举措以提升自身在城市群中的作用。例如，福州积极发展以环三都澳湾区、闽江口湾区、湄洲湾湾区为核心的闽江口经济，通过建设福州新区、自贸区带动闽江口乃至粤闽浙沿海城市群中部发展；厦门、泉州和漳州则积极推进以厦漳泉都市圈为主体的厦漳泉同城化发展，构建以厦门湾区、东山湾区、泉州湾区为引领的沿海城市发展带，带动粤闽浙沿海城市群中南部地区的发展。

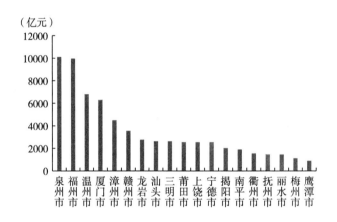

图3-1　2020年粤闽浙沿海城市群各城市GDP

资料来源：《2020福建统计年鉴》《2020广东统计年鉴》《2020浙江统计年鉴》。

2. 厦漳泉都市圈与福州都市圈发展迈向新阶段

（1）都市圈规划编制进展顺利。福州都市圈与厦漳泉都市圈作为福建乃至粤闽浙沿海城市群的核心增长极，相关规划编制工作有效推进。2019年，福州协同宁德、南平、莆田和平潭综合实验区三市一区开展《福州都市圈发展规划》编制工作；2020年国家发展改革委印发的《2020年新型城镇化建设和城乡融合发展重点任务》提出支持福州都市圈发展规划的编制实施；2021年1月，《福州都市圈发展规划》正式编制完成，并于6月获得国家批复，旨在打造全国都市圈一体化发展示范区。厦门、漳州、泉州三市在《厦漳泉大都市区同城化发展总体规划》基础上，建立了党政联席会议制度，成立推进同城化的政府机构和相应的协调机制，相继编制了产业发展、旅游规划、综合交通建设、公共服务和生态保护等 11 个专题规划，推进 80 多个都市区项目的建设。

（2）都市圈经济快速增长。"十三五"时期，福州都市圈与厦漳泉都市圈的经济建设取得显著成绩。如图 3-2 所示，前者经济总量从 2016 年的 11101 亿元增加到 2020 年的 17289 亿元，GDP 增长了 6188 亿元，年均增速达到 11.7%，其中福州在"十三五"期间，经济总量从 2016 年的 6197.77 亿元增加到 2020 年的 10020 亿元，工业总产值从 7800 亿元提升到 1 万亿元。后者 GDP 从 2016 年的 13556.25 亿元增加到 2020 年的 21289 亿元，GDP 增加了 7732.75 亿元，GDP 年均增速高达 11.9%，其中厦门在"十三五"期间经济总量从 2015 年的 3806.94 亿元增加至 2020 年的 6384.02 亿元，泉州 2020 年 GDP 总值达到 10158.66 亿元，成功进入 GDP 万亿元城市行列。

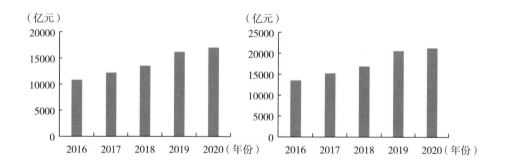

图 3-2　"十三五"期间福州都市圈（左）和厦漳泉都市圈（右）GDP

资料来源：历年《福建统计年鉴》。

（3）基础设施建设夯实都市圈开放发展格局。近年来，福建持续构建以福州为中心、辐射全省的"四小时通达公路网络"，2020 年福州公路通车总里程达到 1.18 万千米，较 2015 年增加了 700 千米。其中，合福高速铁路建成通车，让福州都市圈跨入"高铁时代"，福州机场 2019 年实现 1476 万人次的旅客吞吐量，开辟 119 条国内外航线，成功跻身"千万机场"俱乐部。厦漳泉都市圈在"十三五"期间合力打通一批跨区域"瓶颈路"和"断头路"，实现厦漳同城大道、国道 324 复线和厦漳跨海大桥通车，完成漳州港与厦门港的协同发展规划整合。同时，厦门、漳州、泉州三地共同完成对厦泉临空产业区的发展规划，推进区域气象中心、九龙江北溪雨洪利用工程、长泰枋洋水利枢纽工程等重大交通基础设施建设，统一通信资费标准，实现都市圈公共交通"一卡通"支付服务。

（4）公共服务一体化水平得到提升。就福州都市圈而言，2015~2019 年，福州旅行社及相关服务营业收入实现 18.4% 的年均增长，体育和文化艺术事业实现 30% 的年均增长；2020 年，福州拥有医疗卫生机构超过 4600 个，较 2015 年增加近 530 个；2020 年底，福州市政府印发《关于进一步降低落户条件壮大人口规模的若干措施》文件，实现零门槛落户。就厦漳泉都市圈而言，三地在近年来积极解决民生短板问题，如翔安医院、弘爱医院、复旦中山厦门医院、长庚医院等高水准医院投入使用，三地实现社保无障碍转移接续、医疗信息"一卡通"和医疗费用即时结算，厦门外国语学校、厦门双十中学、厦门大学等学校和泉州、漳州合作建立实验分校等。

3. 城市间交通网络日益织密

（1）重点城市一批重大项目有序推进。"十三五"期间，福建一批重点项目建成投产，如建成莆炎高速永泰至尤溪段、沙埕湾跨海高速公路、泉厦漳城市联盟高速公路、长乐至平潭高速公路、云霄至平和高速公路等高速公路，实现衢宁铁路、福平铁路通车运营，开通武夷新区旅游观光轨道交通一期工程。同时，新开工国高网沙厦高速德化至汤城枢纽段改扩建工程、泉南线永春互通至汤城枢纽扩容工程、福州机场二期扩建工程、福州至长乐机场城际铁路、福州港三都澳港区漳湾作业区 21 号泊位工程等多个项目。

（2）公路里程快速增加。2020 年，福建实现 11.01 万千米公路通车里程，相较 2016 年的 10.68 万千米，公路里程增加了 3361.21 千米，年均增速 0.76%（见图 3-3）；在公路里程中，累计建成高速公路 6003.78 千米，相较 2019 年增长 8.5%；同时，2020 年福建省铁路营业里程达到 3774.34 千米，较 2019 年增长 7.5%；货运量达到 13.99 亿吨，较 2019 年增长 4.7%，货物周转量达到 9020.34 亿吨千米，较 2019 年增长 8.7%。

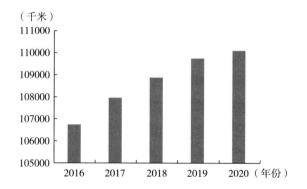

图 3-3　2016~2020 年福建全省公路里程变化

资料来源：历年《福建统计年鉴》。

（3）水路运输快速增长。2020 年，福建全省实现 6.21 亿吨的港口货物吞吐量，较 2019 年增长 4.5%，增速在全国各省（区、市）中排名第四；水路货运量、货物周转量分别完成 4.5 亿吨和 7812 亿吨千米，较 2019 年分别增长 6.5% 和 9.5%。从重点城市来看，福州完成货物吞吐量 2.49 亿吨，较 2019 年增长 14.1%，厦门完成货物吞吐量 17001 万吨，较 2019 年增长 1.8%，宁德完成货物吞吐量 4953 万吨，较 2019 年增长 17.5%。

（4）民航发展蒸蒸日上。从民航运输来看，2019 年福建民航完成旅客运输量 3618.06 万人次、601.13 亿人千米，相较 2018 年分别增长 8.7%、8.6%，实现货邮运输量 27.71 万吨、6.94 亿吨千米，较 2018 年分别增长 2.7%、4.4%。2020 年，福州长乐机场二期、厦门翔安机场、武夷山新机场主体工程基本竣工，不同等级的航空运输体系基本形成。

4. 城市生态环境保护取得明显成效

（1）城市空气质量不断提升。2020 年，福建各地市大气质量优良天数比例高达 98.6%，与全国平均水平相比高出近 11 个百分点。其中，PM2.5 浓度为 20μg/m³，较 2015 年下降 33.3%。9 个城市细颗粒物（PM2.5）、可吸入颗粒物（PM10）、二氧化氮、二氧化硫年均浓度分别为 24μg/m³、42μg/m³、22μg/m³、7μg/m³，大气质量平均达标天数占比为 98.3%，相较 2019 年提高近 1 个百分点，较全国平均水平高出 16.3 个百分点。

（2）水质结构持续优化。近年来，福建持续开展"1+7+N"污染防治攻坚战计划，将小流域综合整治纳入重要的民生事业项目进行督办，经过多年的连续整治，福建各地市基本消除城市建成区黑臭水体、劣Ⅴ类小流域；完成对一批土壤试点项目的治理与修复，重要流域的优良水质比例高达97.9%，较2015年提高4.6个百分点，高于全国平均水平16.1个百分点；小流域优良水质比重超过95%，近海海域优良水质比例达到83%，较国家标准高出近11%。

（3）水土流失治理取得突破。截至2019年末，福建9个城市共完成近1700平方千米的水土流失综合治理工作，超出下达任务的27.1%。其中，林业部门完成744.67平方千米水土流失治理，实现总投资9.76亿元，水利部门完成950.07平方千米水土流失治理，实现总投资6.69亿元。福建全省水土流失率下降至7.75%，水土流失治理工作及水土保持率在全国处于前列。

（4）湿地保护与修复取得明显成效。近年来，福建全省湿地保护工作得到扎实推进，《福建省湿地名录管理办法（暂行）》《福建省湿地保护条例》《福建省省级湿地公园管理办法》等文件相继出台。各地市湿地保护工作联席会议制度基本建立，且绿色空间显著增加。新增1处国家重要湿地名录（长乐闽江河口湿地国家级自然保护区，位于福州），新建4处国家湿地公园（永安龙头国家湿地公园，位于永安；宁德东湖国家湿地公园，位于宁德；长汀汀江国家湿地公园，位于长汀；漳平南洋国家湿地公园，位于龙岩），新增1处省级湿地公园（鸣溪省级湿地公园，位于三明）和1处小微湿地公园（明溪县小微湿地公园，位于三明），建立2处湿地生态系统定位监测站和1处省级湿地资源监测和研究中心。同时，各地市还在积极推动生态保护修复和湿地生态效益补偿试点工作，完成870公顷的湿地生态系统修复和30万立方米的生态补水工作，累计投资超过2亿元。

（5）多元化城市生态补偿加快落实。"十三五"期间，福建累计下达8.2亿元用于支持生态保护财力转移支付制度的落实，累计下达47.33亿元的省以上资金用于生态公益林管护投入及其补偿工作，累计安排93.13亿元的省以上资金用于支持拥有禁止开发、限制开发区等城市重要生态功能区的基本公共服务保障和生态环保能力建设，累计下达72亿元省以上资金用于森林生态保护机制的完善工作。同时，各城市之间积极完善生态保护财力支持机制，推进生态保护成效与资金分配挂钩的激励约束机制建设。福州、厦门、泉州、漳州等地建立城市间大气重污染天气应急联席会议制度，积极开展大气污染程度、污染物输送规律研究，结合地理空间特征、城市空间分布规律，探索区域大气污染联防联控和预警预报制度。各城市还在积极推进河长制度的完善，通过建立城市"水十条"等考核机制，促进城市水域污染的有效治理。

二、重点城市协同发展面临的问题

1. 顶层设计不足，协同发展水平亟待提升

（1）城市协同发展顶层设计相对不足，同质竞争明显。总体来看，福建城市协同发展由于缺乏顶层制度衔接，尚未设立城市群、都市圈和城市间协调发展机构，各地市在产业经济、公共服务、基础设施建设、生态环境保护和区域城市治理等方面仍然存在较为普遍的同质化竞争和资源错配现象。例如，厦门都市圈与福州都市圈虽然均被赋予推动福建区域高质量发展的"两极"定位，但两者内部的很多项目合作仅限于规划层面，部分社会生态保护开发项目落地实施困难，城市圈迈向更深、更广、更紧密的融合发展面临顶层机制体制设计不足的问题。

（2）城市群协同规划和都市圈规划不完善。现阶段，粤闽浙沿海城市群在国家发展中的战略地位日益凸显，但城市群的相关规划与实施方案有所不足，如缺乏在国内外具有竞争力的产业规划和交通一体化规划，在国际化、法治化、便利化和市场化的营商环境方面建设不足。与此同时，两大都市圈规划体系尚不完善，尤以厦漳泉都市圈为甚，其多项专项协同发展规划相对欠缺，致使厦门、泉州、龙岩、漳州、三明五市在产业转型升级、基础设施建设、生态保护等方面的协同协作相对滞后，城市间壁垒明显。例如，厦龙山海协作区园区企业迁入率低，金融、物流等生产性服务业发展滞后，园区基础设施不完善，中介配套服务进驻较少，部分产业园区很难解决生活配套、员工子女教育等社会保障问题，企业面临"留人难""招工难"等问题。再如，清流县与厦门集美区共建的集美（清流）产业园存在基础设施建设相对滞后、部分项目入园审批把关不严、产业链条不全、上下游配套较差、产业发育相对不足、行政指令对园区干预较大等问题。

2. 创新平台缺乏，尚未形成协同发展的合力

（1）协同创新机制体制不完善。福建各地市由于受到现有利益格局和行政壁垒的影响，创新合作面临人才、技术、资金、政策等创新要素跨区域流动的限制，尚不能从区域整体发展的角度去开发、利用、整合创新资源要素进而推动高质量发展，即便福州都市圈与厦漳泉都市圈亦如此，如缺乏有效利用资源的创新制度，缺少完善城市间协同、分工协作等合作机制，缺少在联合开放、相互开放、科技创新、共建创新平台等方面的配套措施。总体上，本书认为福建各地市间的创新合作制度不够完善，资源分散利用和城市离心发展的现状没有得到根本改变。

（2）缺乏协同创新发展的动力。目前，以地方为中心的片面发展理念导致各城市之间拼政策、拼资源、拼成本和拼服务的现象较为突出，城市功能定位趋同，特色和优势资源得不到整合。例如，地方政府不愿意与其他地区共同分享研发带来的技术、信息、知识外溢成果，导致研发过程具有较强的排他性。再如，厦漳泉都市圈和粤闽浙沿海城市群目标不明确，导致区域整体优势没有形成合力，造成区域之间在产业、交通、重大项目等方面的恶性竞争，地区产业结构严重趋同，产业协同发展水平相对滞后，环境保护压力较大。

（3）缺乏区域资源创新利用的平台与机制。从制度、法律和政策角度来看，福建各地市间缺少资源创新利用的平台与机制，缺乏相应的法律条文规定政府和资源管理单位的权利和义务，缺少建设创新资源和产品共享的法律依据和责任处罚机制，区域创新发展过程中存在同质创新、地方科技重复投入与投入不足的情况，有限的人力、科技、财力资源得不到优化使用，制约创新资源的服务效能。例如，福州都市圈与厦漳泉都市圈的大型仪器共享机制尚未建立，城市之间一些重要的专家库和科技数据库共享不足。

3. 协同发展的利益协调机制不健全

（1）协同发展利益协调机制问题突出。当前，福建省城市之间的协同发展创新主要停留在相关的产业、交通、公共服务等领域，缺少相关的政策文件来解决创新过程中的利益分配、主体责任与义务、技术成果归属双向协同、项目成长、投资融资、风险分担等问题，未来福建城市协同发展亟须解决这些体制机制问题。

（2）缺乏城市间利益共享共担机制。众所周知，城市协同系统是一个较为

复杂的系统，为此，合理的利益共享共担机制对城市协同发展具有极其重要的作用。当前，福建缺乏在共建园区、飞地经济方面的经济总量核算分享机制；对于一些跨城市的公共性、基础性、通用性等重大项目建设，缺少相应的投融资机制以有效保障项目的建设和运营，导致跨城市基础设施建设中瓶颈路、断头路、衔接难、协商难、建设难等问题频现。同时，部分山海合作地市之间虽然签订了一些共建产业园区的项目，但是多数合作仅限于资金的帮扶，在产业园区后续的开发、管理、运营、企业引入、企业培育等方面缺乏共担共享共建机制。此外，纵向和横向生态补偿制度与跨流域生态补偿机制仍待构建。

4. 城市发展不平衡不充分问题依然显著

（1）城市经济总量差异较大。2020 年，福建各地市 GDP 总量差距较大，其中泉州和福州两个城市的 GDP 总量相对较高，分别达到 10158 亿元和 10020 亿元，而南平、莆田和三明三个城市的 GDP 总量相对较低，GDP 总量分别仅为 2007 亿元、2643 亿元和 2702 亿元。从人均 GDP 来看，福建省各地市人均 GDP 差距同样较大，其中厦门人均 GDP 最高，2020 年达到 142739 元，南平市人均 GDP 最低，2020 年仅为 74036 万元，约为厦门市的一半（见图 3-4）。

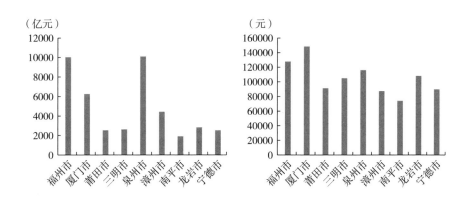

图 3-4　2020 年福建省各地市 GDP（左）和人均 GDP（右）

资料来源：《2020 福建统计年鉴》。

（2）城市工业发展水平差异较大。2019 年，泉州和厦门的企业法人数量相对较多，分别为 22.47 万家和 18.26 万家，而三明和龙岩的企业法人数量仅为

3.09万家和3.08万家。从规模以上工业企业营业收入来看，泉州规模以上工业企业营业收入最高，达17332亿元，南平最低，仅为2153亿元，不足泉州的15%（见图3-5）。

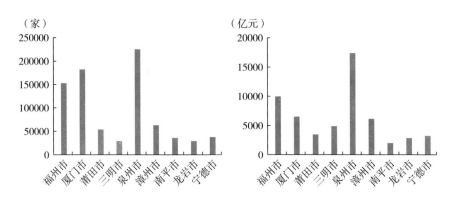

图3-5 2019年福建各地市企业法人数量（左）和规模以上工业企业营业收入（右）

资料来源：《2019福建统计年鉴》。

（3）城市公共服务设施配置不均衡现象突出。从人均城市道路面积来看，厦门、泉州和漳州的人均城市道路面积相对较高，南平、三明和福州的人均城市道路面积相对较低，分别为14.8平方米和13.44平方米。从医疗床位数和医疗卫生机构来看，福州、漳州和泉州的数量相对较多，而莆田和三明的数量相对较少（见图3-6）。

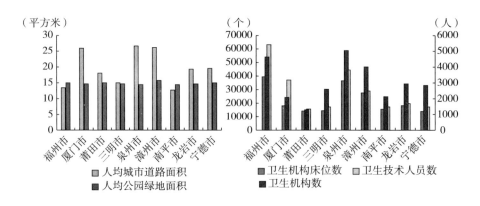

图3-6 福建各地市绿地情况（左）和卫生机构情况（右）

资料来源：《2019福建统计年鉴》。

三、国内外城市协同发展的经验总结

1. 浙江山海协作协同发展经验

（1）合理的发展理念。浙江山海协作工程充分利用市场调节机制和市场对资源的有效配置能力，促进山区的劳动力、资源和生态等优势资源与沿海城市的人才、技术、资金、交通、区域等优势资源相互协调，进而有效调动山区和沿海地区协同发展的积极性，在交互过程中实现优势资源互补，避免走"富帮穷"的老路子。首先，山海合作旨在促进两个地区产业结构调整和产业结构优化升级。通过山海合作平台，山区可以吸纳沿海地区失去竞争力的产业，就地消化劳动力，同时又为发达地区发展新产业和高附加值产业腾出空间，促进沿海地区产业结构调整和优化升级。其次，山海合作旨在推动两个地区企业的快速成长，山海协作工程满足沿海地区对资源的需求，有效促进部分劳动力与资源向沿海地区迁移，提升沿海地区企业的发展动力。最后，山区凭借沿海地区转移的资本、技术、服务，可以有效推动本地市场主体的培育与发展。

（2）实现规划和合作机制的突破。2003年，浙江省委提出"八八战略"，在该战略的指引下，山海协作工程领导小组正式建立，明确杭州、宁波、温州等沿海发达地区和舟山、丽水、衢州等65个山区欠发达地区建立对口协作关系，实现山海协同发展；同年，在"十一五"规划基础上，省协作办牵头编制完成《浙江省山海协作工程"十一五"规划》，旨在落实年度实施计划。2006年，省协作办出台《浙江省山海协作工程2006年度工作计划》，与各个城市签订目标考核责任书，山海协作工程正式走上了制度化和规范化的轨道。

（3）市场主导与政府引导相结合。浙江山海协作的成功在很大程度上得益于政府搭台、市场行为主体积极参与的协同发展模式，这也是山海协作的动力所在。在山海协作初期，由于各个城市在产业发展阶段、市场发育程度、交通水平、劳动力素质等方面存在较大的差异，因此部分城市之间存在协同发展困难的局面。随后，政府开始积极搭台，组织山海城市商务协作洽谈会，吸引企业在这些平台上寻找投资发展机遇。例如，绍兴最初确定与常山开展协同发展合作，但由于两地资源和产业存在较大差异，合作起来较为困难。然而，常山较为丰富的旅游和矿产资源正是绍兴企业开发的强项，于是绍兴与常山围绕这一点建立了良好协同发展关系。基于市场机制和政府积极搭台，市场主导与企业主动参与是山海协作工程取得成功的关键因素。

（4）"双向飞地"模式是亮点。自2003年山海协作工程提出以来，浙江积极出台《关于进一步支持山海协作"飞地"高质量建设与发展的实施意见》等多项政策文件，重点提出促进沿海经济发达城市（飞入地）设立专业化的园区以供山区26个县（飞出地）开展投资建设，同时鼓励沿海的杭州、宁波等城市对山区26个县的产业园区进行精准帮扶，提升园区发展质量与发展水平，完善基础设施建设与配套项目，提升经济社会效益。双方还通过"飞出地"的生态修复、全域土地综合整治、农村土地综合整治所产生的城乡建设用地增减挂钩节余指标解决"飞地"的建设用地指标问题。"双向飞地"模式及其包含的土地利用制度创新有效激活了浙江山海合作。

（5）合作领域和层次的突破。在合作领域上，《浙江省山海协作工程"十一五"规划》明确了山海之间不仅限于经济发展的合作，同时也强调在人才、卫生、科技、教育、文化、信息等社会事业领域开展合作。按照这一要求，各市场与政府行为主体（如政府及其各个部门、企业、社会团体、民主党派）等充分发挥自身优势，积极参与山海协作工程建设。例如，浙江省科技厅通过建设蓝色农业产业带，实施科技富民强县专项行动，促进山区农业高效、科学发展。在合作重点与形式上，浙江省山海协作强调转变项目分散投资模式，进而转向集聚集中发展模式。根据《关于推进欠发达地区加快发展的若干意见》，省发展改革委与省协作办在衢州等地设立15家省级开发区，通过积极引导山海协作企业与地方特色产业、特色资源、富余劳动力、特色文化产业等融合，建立山海协作示范点。同时，省协作办还大力推进"浙商回归工程·参与新农村建设计划"和"山海协作工程·百村经济发展促进计划"等工程，积极鼓励和引导海内外浙商回乡投资创业，推动山区农业、农村等各项经济社会事业发展。

2. 荷兰兰斯塔德地区协同发展经验

（1）生态理念主导。作为荷兰城市分布最密集、社会经济发展水平最好和产业集聚程度最高的区域，兰斯塔德在仅 830 平方千米的国土面积上创造了全国 50% 的经济总量与就业水平，承载了全国 45% 的人口，区域内集聚了海牙、鹿特丹、阿姆斯特丹、乌特勒支四个中心城市及众多中小城市。

20 世纪 50 年代，荷兰国家西部工作委员会正式成立，主导兰斯塔德地区的国土空间规划。1958 年，该工作委员会出台了兰斯塔德发展纲要，提出依托四大城市中间的"绿心"建立一个环形城市网络。1960 年，荷兰第一次国土空间规划在维持兰斯塔德"绿心"不变的前提下，提出在兰斯塔德地区的核心城市的外围建立新城镇，促进产业向外围扩散迁移。在 1966 年的第二次国土空间规划中，"绿心"被完整地保留下来。2000 年，《荷兰第五次国家空间规划政策文件概要（2000—2020）》规划文件提出以"创造空间、共享空间"为主题，坚持城市围绕"绿心"环形分布的基本格局，对兰斯塔德地区的产业、基础设施、生态等进行了合理的空间规划，形成了多中心、分散化的城市发展格局。

（2）功能区联动发展模式。兰斯塔德地区的发展模式以功能区联动发展为特色，其通过详细分析不同城市与区域之间的地理、环境、生态、人文历史等差异，根据各城市与区域的资源环境承载力、现有开发密度以及未来发展潜力确定产业发展方向、交通发展强度、生态保护水平等，力求在整体协调、各要素（人口、产业、劳动力、技术、资源、环境）充分协作的基础上，促进区域农业、工业、都市生活、生态保护等功能空间的有序开发与合理布局。该模式的具体特点如下：

第一，强调依据空间特质细分各区域功能。根据第五次荷兰国土空间规划，兰斯塔德地区的空间功能被划分为三个基本层级：基础层、网络层和应用层。基础层基本与自然生态空间相一致，指人类空间及其变化所依托的基本空间载体，包括土壤、水体、生物群落等；网络层指人类社会活动所需要依赖的联系载体，包括铁路、公路、机场、河道、管网、信息网络、电网等基础设施；应用层则强调人们的生产、生活、休闲、娱乐所依赖的空间载体，即建成区、工业园区和文化设施等。同时，根据第五次国土空间规划，荷兰还利用红线和绿线进行城镇开发与环境保护划定，红线划定了建成区的基本面积范围，绿线划定了自然保护区、历史文化建筑和遗产、农业区和景观区等生态范围，两者之间为过渡缓冲地带，通过依据空间特性对各空间区域进行功能划定，力在保持兰斯塔德地区空间的差异性、多样性和协调性。

第二，围绕"绿心"进行城镇多中心分散布局。与柏林、伦敦、巴黎等欧洲大都市区的单中心增长极发展模式不同，兰斯塔德地区主要是围绕"绿心"探索多中心城市发展模式，由发达的交通网络体系将地区进行整合。例如，南部西南三角洲不仅包括鹿特丹、海牙两个大城市，还涵盖了莱顿、多德雷赫特、代尔夫特等中小城市；东部不仅拥有乌特勒支这个核心城市，还包括阿姆斯福特、宰斯特、霍顿等中小城市；北部除了核心城市阿姆斯特丹，还囊括哈勒姆、阿克勒姆、艾默伊登等中小城市；中部则是众多城市围绕所形成的农业发展和生态涵养区域。这种多中心、分散化的城市空间结构布局一方面促进了产业、交通和人口的有序组织与发展，解决了城市发展过程中面临的就业、交通拥堵、生态污染等城市问题；另一方面还为居民休闲提供了良好的场所与环境，实现了社会、经济和环境的效益最大化。

第三，强调城市间的功能互补。兰斯塔德地区各个城市所承担的功能相对较为单一，但是各城市的功能却能够建立起良好的互补性，进而增强区域整体空间功能的差异性和协调性，提升地区整体产业竞争力。例如，海牙是荷兰重要的政治、法律中心，也是重要的"联合国城市"；阿姆斯特丹作为首都，是重要的国家物流枢纽以及荷兰最为重要的经济、金融中心；鹿特丹则承担了欧洲主要的港航货物运输服务，是国家知名的航运港口中心之一；乌特勒支则是全国重要的文化科教中心。由此可以看出，虽然各个城市本身功能较为单一，但兰斯塔德地区作为一个整体却呈现出功能的复合性、互补性和整体性，这种专业与整体相协调的空间功能布局模式极大促进了该地区的全球竞争力。

第四，严格执行土地利用规划，合理布局产业空间。荷兰第五次国土空间规划对兰斯塔德地区的土地利用进行了详细的规划，而其他各专项规划都必须参考这一规划。例如，各产业发展规划需要符合土地利用规划对空间所作出的基本安排。再如，都市区的土地利用规划将产业发展基本限定在工业和商贸服务业，农业区和生态区所组成的"绿心"一般只能用于农业生产和生态保护；城市之间和城乡之间的乡村地区、自然加工区和绿色缓冲地带则积极鼓励园艺产业、生态旅游业、乡村休闲、服务业等产业发展。

（3）核心启示。首先，制定合理的发展理念。兰斯塔德地区通过编制五次国土空间规划，发展目标、发展理念、发展路径都得到了清晰的阐释，"多中心""绿心""可持续""交通联动""功能互补"等是兰斯塔德地区成功的重要理念。其次，注意规划的可操作性。荷兰政府鼓励各个地方政府参与到兰斯塔德地区的发展规划中来，明确各自的利益诉求，一方面保障多方利益诉求能够在规划中得到体现，另一方面又激励了地方政府参与规划制定和实施。再次，建立区域合作和利益协调机制。荷兰建立了中央、区域和地方三个层面的区域合作和协调机制：国家层面，成立了西部国土规划委员会，负责地区的国土空间规划；区域层面，建立兰斯塔德地区空间规划协调委员会，负责区域协调；地方层面，成立了城市联盟，负责城市发展。最后，构建互联互通的交通网络。通过建立水陆空一体化的交通网络体系，兰斯塔德南、北、东三个经济核心地区得到了有效的联系，不仅促进了功能良性互动，还解决了城市无序扩张难题。

四、重点城市协同发展的思路和对策建议

1. 协同发展基本思路

（1）进一步提升山海协作、福州都市圈—厦漳泉都市圈协作水平，建设社会主义共同富裕示范区。福建当前正处于高质量发展的关键阶段，传统的城市协同发展模式需要新的思路和新的模式来开辟新的路径实现协同发展。下一阶段，福建需要围绕重点城市协同发展做好顶层设计，扎实推进共同富裕制度体系和体制机制建设，明确都市圈发展指标、城乡差距指标和共同富裕指标；同时，顺应高质量发展的内在要求，有效整合福州都市圈与厦漳泉都市圈的优势资源，消除要素自由流动的体制机制障碍，建立山海协作、福州都市圈—厦漳泉都市圈协同发展的相应的利益共享共担责任分配机制，进一步完善招商引资、GDP 核算、税收分成及绩效考核等机制，创建社会主义共同富裕示范区。

（2）强化重点城市的增长极作用，提升粤闽浙沿海城市群发展水平。福州、厦门、泉州等重点城市是粤闽浙城市群实现高质量发展的支柱。因此，应充分释放这些城市在城市群中的枢纽与引领作用，进一步强化其在基础设施建设、公共

服务供给、产业结构优化、科技创新投入、生态环境保护等方面的优势，突出创新型企业对经济发展的龙头作用和核心主体地位，大力推进重点城市产业园区和创新功能区建设，促进产业高水平集聚发展，进而以企业创新和产业园区高水平发展促进上述重点城市及粤闽浙沿海城市群迈向更高层次。

（3）优化福州都市圈和厦漳泉都市圈发展路径，多维度提升一体化水平。对于福建两大都市圈而言，需要充分发挥"多区叠加"的政策效应，努力构建多级引领、全域创新的发展格局，在城市化水平、城市人口规模、城市经济产业结构、城市空间布局、城市土地利用等方面实现优化升级。例如，福州都市圈需要强化自身在先进制造业、高新技术产业研发等方面的优势，加快建设生态宜居滨江滨海现代化国际城市和 21 世纪海上丝绸之路核心区战略枢纽，进而带动整个都市圈的发展。厦漳泉都市圈则需要坚持规划引领，推进《厦漳泉都市圈发展规划》编制工作，强化重大基础设施的对接协作，加快推进泉厦漳城市联盟路等互联互通项目建设，强化产业协作，推进厦泉（安溪）经济合作区湖里园等产业园区建设，建立对接基金投入储备项目清单，推动都市圈公共服务平台的共建共享，完善厦漳泉区域大气污染联防联控联治机制，改善生态环境，打造升级版的厦漳泉都市圈。

（4）深化区域对口帮扶力度，支持革命苏（老）区的振兴发展。首先，坚持整体规划、统筹协调、因地制宜的政策方针，采取目标导向、问题导向和优势资源导向原则，建立精准有效的差别化支持机制，以山海对口帮扶政策为契机进一步加大对革命苏（老）区重点领域、重点地区、重点特殊人群的帮扶力度，巩固脱贫攻坚的成果。其次，健全长效普惠性的扶持机制，不断支持革命苏（老）区重点城市在生产方式、消费方式、运输流通方式、文化交往、生活方式等领域的变革，积极承接沿海城市的产业转移，推进革命苏（老）区的基础设施建设，发展高质量的特色经济产业体系，完善基本公共服务供给制度与体系，提升革命苏（老）区人民群众的获得感与幸福感。

2. 关键领域对策建议

（1）坚持市场主导，发挥上级政府的引导调控作用。

第一，促进要素跨城市自由流动。推进统一规划制度、发展模式、治理模式、城市联动发展等新机制建设，强化货物贸易跨城市流动的行业标准，完善市场准入和跨地区市场监管共治管理制度。积极清理阻碍统一市场和妨碍市场公平竞争的各种制度性规定，消除政府人为因素带来的城市行政壁垒，为市场行为主体创新创业发展创造公平合理的经济环境。同时，加快户籍制度改革，积极落实统一的城乡户口登记制度，落实"三权分置"制度，推进农村宅基地、空闲农房等土地的盘活工作。

第二，加强高端要素和公共服务供给。积极推进不同城市、区域之间的人才、技术交流合作，通过城市协同发展平台，积极引导沿海地区具有优势的科研院所和高校加大对北部山区产学研的支持力度，努力构建高素质人才信息资源库，建立高素质人才定向服务北部山区的科研人员服务制度。同时，积极落实"双下沉、两提升"政策，统筹福建省沿海优势医疗资源到北部山区创建医疗联合体，不断加大对山区医疗资源相对较为薄弱的重点县乡的支持力度，努力构建城市基本公共服务均衡化的新格局。

（2）探索重点城市的不同协作方式，建立利益协调机制。

第一，建立更为有效的协作机制。积极探索跨城市公共服务、基础设施建设、生态环境保护等方面的费用分担制度，优化跨城市建设项目的税收分配方法，完善跨城市协作的城市利益分配机制。充分发挥政府在财政、税收、项目规划、政策编制、政策执行等方面的优势作用，建立不同形式的协作平台。积极引导不同行业、不同组织在城市群产业发展中的作用，消除行政分割带来的行政制度障碍，建立跨城市的行业联盟，共同制定城市协同发展规划、市场规划、产业发展战略规划、交通专项对接规划等。鼓励跨地区的民间组织和各类半官方机构参与地区间的重大项目建设和社会民生工程建设，积极构建不同形式的交流平台和中介机构，推动山海城市与相关国际组织、联合国机构的经贸、人文等合作，提升山海合作的国际化水平。

第二，建好协作发展新平台。重点支持"飞地"园区、生态旅游文化产业园、山海协作产业园三种协作平台的发展。强化福州海交会、宁德电机电器博览会、平潭共同家园论坛、莆田工艺品博览会、厦门"9·8"投洽会等产业平台在对接产业方面的积极作用。简化企业在用地、重大产业和交通建设等项目上的报备、审批、报批环节，减少山区在产业发展、园区建设和项目落地方面的政策性制度障碍，适当完善优惠政策以鼓励生态型、环保型产业和项目的落地。

第三，开展不同层次的合作。一方面，深度对接粤港澳大湾区和长三角城市群的发展建设，在产业发展、金融服务、商贸物流、投资贸易、科技创新、旅游发展、会展服务、基础设施联通、先进制造业、制度建设、生态保护等领域加强交流与合作，强化海上和空中航线建设，提升相互之间在港口、口岸、物流服务等领域的合作水平。另一方面，深入推进省际交界地区合作。加强与周边相邻省份的协同合作，特别是强化与周边广东、浙江、江西的交通联系与产业合作，加快福州—温州高铁、漳州—汕头高铁的建设工作，推进吉安—武夷山—温州铁路的前期科研工作。有序推动龙岩、三明、南平、宁德、漳州等与周边省份交界的县市有效承接浙江、广东等沿海发达地区的产业转移，鼓励跨城市的人才交流、技术创新、资源共享、项目推介等活动，促进城市协调联动发展。

第四，探索建立都市圈合作基金。积极消除目前城市之间有合作需求及意愿但不愿意承担风险的制度障碍，根据各个城市的 GDP 或财政收入实际情况，由市长联席会议决定支出事项，通过缴纳一定数额的资金建立都市圈或者重点城市合作基金平台，为重点城市协同发展提供有效的资金和金融保障。

（3）统筹公共设施建设，推动城市间公共服务共享。

第一，全面推进跨市基础设施互联互通。优化城市之间交通网络建设，重点加强核心城市和周边毗邻城市之间在交通领域的互联互通，大力推进城际铁路建设，依托高速公路、城市快速路、城市轨道交通、城际高铁等骨干交通形成集约型、组团式、网络化、立体化的区域交通网络体系。推进基础设施联网工程、城市公共服务对接，联合申请建设一批国家重大的能源储备基地项目，完善跨城市和跨能源基础设施共享机制，提高资源在城市间的利用效率与效能。

第二，促进城市基本公共服务制度衔接。完善教育、医疗、养老、文化体育、劳动力就业、金融邮电、卫生、防疫、应急治理等基本公共服务跨城市、跨城乡流转的制度衔接；提供跨城市的就业指导服务，推进"智慧就业"专业平台的打造与建设，促进跨城市、跨城乡就业的线上办理工作；树立一体化教育功能区的理念，消除行政边界对教育资源分配的影响，组建城市教育资源一体化的管理协调机构，统筹山海之间的教育资源供给，促进教育资源的均等化发展。

第三，加强城市间公共服务的多领域合作。完善城市教育资源共享机制，在学分互认、教师互聘、课程互选、联合办学等方面开展交流合作，保障山区子女的教育条件，推动特色教育、义务教育和高等教育的多方面合作，加强城市创新体系建设，推动创新主体和创新要素的城市间流动，促进产学研一体化工作的推进。推动不同等级医疗服务体系的完善，建立综合医院、专科医院和社区卫生院的医疗机构体系，强化技术对医疗卫生资源供给的影响，推动"智慧医疗""线上医疗"的发展，实现城市医疗业务应用系统的连接。优化流动迁移人口的管理与服务工作，完善社会管理与服务网络体系，建立跨区域城市群社会治理结构。

（4）建立健全多元化生态保护补偿机制，助力生态福建高质量发展。

第一，对国土空间进行综合管控。积极推进国土空间资源环境承载力、适宜性评价工作，有针对性地解决经济产业发展与国土生态保护之间的矛盾，优化土地利用结构与土地利用供给水平，明确和盘活现有土地存量与不合理用地，提高各类土地利用的集约水平和配置效率；同时，通过制定年度土地利用计划表，落实生态涵养区的用地需求，划定农村集体建设用地供给。

第二，完善城市间生态保护补偿机制。积极推进横向生态补偿机制，提高森林生态效益、全流域生态保护补偿、综合性生态保护补偿标准，加大对拥有生态保护的禁止开发区域、限制开发区的城市的生态保护资金转移支付力度，推进水流、空气、耕地、湿地、森林、生态保护红线、饮用水源保护区等重点生态涵养区的生态补偿机制建设，依据生态服务价值评估结果，有效建立生态保护与转移支付资金分配挂钩制度。进行闽粤汀江—韩江跨省流域生态补偿试点项目，构建区域生态资源交易平台和制度。推动区域耕地资源占补平衡的创新，通过设立占补指标异地有偿调剂制度，鼓励占用耕地城市或者地区在支付耕地指标调剂费用的基础上，以产业、基础设施、公共服务帮扶等方式对口帮扶土地指标供给地区。建立合理的用水、用能、碳排放权交易制度，根据不同地区实际的自然资源禀赋和社会经济发展情况，差异化安排转移支付资金；围绕水能、风能、煤炭等资源，建立可持续发展的资源价格形成机制和资源集约节约利用机制。积极推动海峡股权交易中心规划和建设工作，打造具有区域影响力的多要素交易市场。

第三，全面开展国土资源生态修复工作。聚焦重点城市的生态保护区，有序进行国土空间生态修复制度建设和规划工作，按照谁修复、谁受益原则，通过给予特定时期自然资源资产使用权等自然开发权，鼓励社会不同主体投资生态保护事业。将土地复垦、植被恢复、矿山修复等作为生态修复的重点工作；同时，在广大农村地区积极开展秸秆综合利用、基层生态桥、农药化肥减施、村庄污水收集处理、生态方式处理污水等综合环境治理项目，指导农民科学、合理使用农业化肥和有机肥料，推动农村地区固体废弃物的综合转化利用。

第四章　旅游产业协同发展

旅游业综合性强、融合度高、带动性大。福建省具有丰富的旅游资源、优越的市场区位条件，从自身发展来看，发展旅游业无疑成为其加快产业结构转型升级、推进山海协同发展，实现高质量发展的重要路径之一。

一、福建旅游产业发展现状

福建省着力把旅游业培育成为三大新兴主导产业之一，加快全域旅游发展，推进旅游供给侧结构性改革，坚持融合创新、开放合作，旅游产业发展迈上新的台阶，整体实现了旅游经济稳步提升、"清新福建"品牌形象凸显、全域旅游建设持续推进、公共服务体系持续优化、区域协作机制不断完善。

1. 旅游产业稳步提升

2015年以来，福建省旅游业总收入稳步提升，2019年全省接待国内外游客5.37亿人次，实现旅游总收入8101亿元，分别比2015年增长100%和158%，提前一年完成"十三五"规划目标。受新冠肺炎疫情的影响，2020年福建省旅游总收入为5062.46亿元，较上年下降37%（见图4-1）。

2019年福建省国内旅游人数为52697万人次，较上年增加7558.15万人次，增速为16.74%；2019年福建省国内旅游收入为7393.65亿元，较上年增加1360.48亿元，增速为22.55%。受新冠肺炎疫情影响，2020年福建省国内旅游人数为 36981 万人次，实现国内旅游收入 4928 亿元，较 2019 年分别下降 29% 和 33%。2021 年福建省接待国内旅游人数为 4.06 亿人次，实现国内旅游收入 4862.34 亿元，分别比上年同期增长 15.6% 和 5.3%（见图 4-2）。

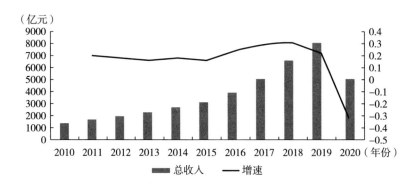

图 4-1 福建旅游业总收入与增速

资料来源：历年《福建统计年鉴》。

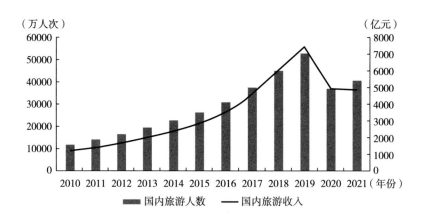

图 4-2 福建省国内旅游人数与旅游收入

资料来源：历年《福建统计年鉴》。

福建省各市加大旅游资源整合力度，强化旅游营销推广，促进旅游市场快速发展，各市接待游客人数均实现 20% 以上快速增长。福州、厦门、泉州接待游客人数稳居全省前三位，累计占全省接待游客总量的 48%。福建省各市旅游总收入

均实现 20% 以上快速增长，旅游市场经济效益凸显。其中，厦门旅游总收入超过
1000 亿元，明显高于其他设区市，福州、泉州旅游总收入超过 800 亿元，三地收
入合计占全省比重达 58%。整体来看，各地旅游产品日渐丰富，旅游服务水平持
续提升，综合吸引力不断提高，国内外旅游市场供需两旺，发展结构更加优化。
随着 2020 年莆田湄洲岛妈祖文化旅游区获评国家 5A 级景区，福建省成为全国第
二个实现"市市有 5A 景区"的省份（见表 4-1）。

表 4-1　福建省 5A 级旅游景区

旅游景区	等级
武夷山风景名胜区	5A
福建土楼（永定·南靖）旅游景区	5A
清源山风景名胜区	5A
龙岩市古田旅游区	5A
福州市三坊七巷景区	5A
厦门鼓浪屿风景区	5A
白水洋鸳鸯溪景区	5A
湄洲岛妈祖文化旅游区	5A
泰宁风景旅游区	5A
太姥山风景名胜区	5A

资料来源：笔者整理。

2. 全域生态旅游持续推进

2016 年，福建省依托生态核心优势，提出大力发展全域生态旅游，并将其
作为战略目标写入《福建省"十三五"旅游业发展专项规划》。2017 年，福建下
发《关于推进全域生态旅游省建设的指导意见》，提出建设全域生态旅游省。同
年，福建获得"中国全域旅游魅力指数排行榜"最佳全域旅游推进奖，并先后
在于澳门举办的内地与港澳全域旅游座谈会和于美国举行的中美旅游高层对话上
做典型经验介绍。2019 年，福建有三个城市入选首批国家全域旅游示范区名单，
分别是福州市永泰县、南平市武夷山市、龙岩市武平县。2022 年 4 月，福建省印
发《福建省"十四五"生态省建设专项规划》，明确提出加快建设全域生态旅

游，将率先建成美丽中国福建示范区作为发展目标。

"十三五"以来，福建省新增省级生态旅游示范区 36 家，7 家全域旅游示范区通过国家认定，成为国家全域旅游示范区。"十四五"规划中提出，优化全域生态发展格局，建设三大生态旅游带，创新产品供给，促进旅游产业融合，构建福建全域生态旅游发展体系。

3. 文旅公共服务体系持续优化

（1）公共文化服务体系基本建成。福建省初步形成了省、市、县、乡、村五级文化设施网络，全省 80% 的县级及以上图书馆、文化馆达到国家三级馆以上标准，城乡基层文化设施基本完成功能整合。三明市、福州市成功创建国家公共文化服务体系示范区，广播、电视综合覆盖率分别达到 99.82%、99.85%。

（2）智慧旅游建设如火如荼。第一，福建省搭建了多种旅游平台，围绕"清新福建"品牌，建立了多语种旅游门户网站，向境内外游客提供一站式服务。第二，推出"一部手机全福游"APP，全面提升游客的体验感，实现一部手机畅游福建，吸引更多游客到福建旅游。第三，全省合作成立了福建智慧旅游有限公司，并在国内旅游业中首创采用"PPP"模式，负责全省智慧旅游平台的建设、运营及发展。第四，开发了方便实用的旅游平台及手机 APP，实现移动端服务游客和旅游产品全链条营销。第五，建立了统一的电子票务系统，让游客能够通过网络购买到省内任何一个景点的门票，实现"一票到底"。

（3）旅游综合服务得到提升。一是持续推进"厕所革命"，助力旅游环境提升。福建自推行"厕所革命"以来，把旅游业"厕所革命"作为优化公共服务、改善旅游环境的重要环节。福建大力推进"厕所革命"进入景区，2015~2017 年新改建旅游厕所 1536 座，2017 年成功获得国家旅游局颁发的"厕所革命突出成果奖"。自 2018 年实施《福建省旅游厕所建设管理新三年行动计划（2018-2020）实施方案》，至 2020 年，累计建设厕所 1954 座，并超过《行动计划》中提出的目标，旅游卫生环境得到较大提升。① 二是旅游集散体系初步完成。旅游集散服务中心建设连续多年被列为福建省委、省政府的民办实事项目，基本实现

---

① 省文旅厅提前完成年度为民办实事工作任务，推动旅游厕所管理水平提升 ［EB/OL］. https：// wlt. fujian. gov. cn/wldt/btdt/202011/t20201104_ 5428334. htm.

旅游集散服务中心县域全覆盖。三是持续践行"放心游福建"服务承诺，旅游品质日渐优化。福建在全国率先提出"放心游福建"服务承诺，实行旅游投诉"一口受理""限时办结""先行赔付"，受到游客的充分肯定。①

（4）区域旅游交通网络已经形成。高速公路通车里程突破 6000 千米（密度排名全国各省第 3 位），实现县县通高速。普通国省道通车里程达 1.1 万千米，普通国省道二级及以上公路比例达 75% 以上，基本实现所有乡镇 15 分钟上高速。2013 年厦深铁路、向莆铁路投入运营，2015 年合福铁路、赣龙铁路投入运营。"十三五"期间，南三龙铁路、衢宁铁路、福平铁路建成通车。2020 年，我国首座跨海公铁两用桥、世界最长跨海峡公铁两用大桥——平潭海峡公铁两用大桥建成通车。自此，"轨道上的福建"初步形成。福建铁路运营里程 3884 千米，其中高快速铁路达 1906 千米，实现 9 个设区市动车环形运营，是全国第一个市市通动车的省份。福建铁路在建里程 1061 千米，已建在建铁路覆盖全省 90% 以上的地区，这些交通基础设施有力推动了区域旅游发展。②

4. 区域旅游协作机制不断完善

闽西南协同发展区坚持陆海统筹、山海联动、城乡融合，构建"一核三湾两带两轴"的协同发展格局。其中，"两带"中的绿色发展带是依托龙岩、三明和漳州、泉州西部，发挥山地绿色生态资源优势，统筹开发利用红色旅游与生态旅游资源，协同提升特色产业发展水平，打造山区绿色发展带，促进山海旅游资源联动。

2019 年 9 月，厦门、漳州、泉州、三明、龙岩五市文化和旅游主管部门召开闽西南协同发展区旅游工作联席会议，会议通过了《闽西南协同发展区旅游宣传推广规划》《闽西南协同发展区旅游宣传推广三年行动计划（2020-2022 年）》，将重点在"山海闽西南"区域旅游品牌营销推广、市场拓展、行业监管、旅游培训、联合执法几大领域开展协作，通过品牌共建、产品互连、线路互推、客源互送、资源共享、活动联办等形式，构建区域共同市场，进一步健全闽西南旅游

---

① "放心游福建"落实有保障［N/OL］. 中国旅游报，https：//baijiahao. baidu. com/s？id = 1708474
109485500910&wfr = spider&for = pc.
② 福建"十四五"现代综合交通运输体系专项规划，建设温福高铁！［EB/OL］. https：//baijiahao.
baidu. com/s？id = 1710161563796027130&wfr = spider&for = pc.

协作机制，推进旅游产业深度合作，打造紧密型旅游区域联盟。

二、旅游业协同发展经验

1. 扩大"清新福建"品牌知名度，推动山海旅游合力发展

2017年，"清新福建"品牌获国家工商总局批准，成为全国唯一实现商标全要素组合在45个全类别注册成功的省级旅游品牌。"清新福建"品牌营销连续两年荣获"中国旅游营销十大创新项目"。福建各地围绕"清新福建"主题，推出"清新闽东北""清新福建山海闽西南""清新福建花样漳州""清新福建平潭蓝""清新福建快乐武夷山"等地域特色鲜明的二、三级旅游品牌，初步构建起"清新福建"品牌体系。

"清新福建"品牌影响力不断扩大。福建省牵头，与海上丝绸之路沿线10个省份以及中国香港、中国澳门联合组建"海上丝绸之路10+2旅游推广联盟"，在日本、澳大利亚等地设立福建海外旅游推广中心，闽西南五市文旅部门联合在中国台湾设立"清新福建，山海闽西南"品牌形象店。福建文旅局联合闽东北协作发展区在山西太原举办"畅游清新闽东北"旅游推介会，联合闽西南协作发展区在河南、浙江等地举办"山海闽西南"旅游推介会，通过举行旅游宣传推广交流活动，抱团取暖，共享文旅资源，有效扩大旅游知名度。

2. 搭建区域旅游联盟，提升山海旅游协作水平

闽东北、闽西南通过搭建区域旅游联盟，推动山海旅游协同发展。闽东北围绕"清新福建""全福游、有全福"品牌，山海联动，共建闽东北旅游共同体，实施品牌联合营销；通过举办区域旅游合作联席会议，构建区域协作机制；借助区域联盟整合山海旅游资源，联合创建高品质旅游景区，重点提升和串联福州三坊七巷、莆田湄洲岛、平潭国际旅游岛等国际化旅游目的地，携手策划精品旅游线路，提升区域旅游竞争力。为促进区域文化旅游消费，闽东北实施"半价游"活动优惠政策，活动期限为一年。区域内有27个旅游景区参与优惠活动（其中4A级以上景区13个），闽东北地区居民可凭借身份证在参与活动的景区享受门

票或者景区内项目半价优惠。

闽西南五市文旅部门通过搭建统一的区域旅游营销联盟，形成资源共享、行业互动、客源互送、利益共享的营销体系，推动区域旅游共同发展。闽西南五市合力打造闽西南山海生态旅游、特色文化旅游、红色旅游、滨海旅游等精品旅游线路，建设海丝文化聚集区、厦门全域旅游示范区、福建土楼等旅游产业集聚区，培育环东山岛、闽西红色游、戴云山森林步道、沙溪百里画廊等新兴旅游产业集群。同时，五市还成立闽西南协同发展区旅行社联盟，通过建立全面协作与分工的联盟体系，积极促进闽西南旅行社优势互补、抱团发展，为"山海闽西南"区域旅游品牌发展进一步壮大聚力合作。

3. 打造旅游精品线路，促进山海旅游协同发展

闽东北、闽西南通过共享文旅资源、合力打造旅游精品线路，有效促进山海旅游协同发展。2021年，闽东北围绕"清新福建"品牌发布了"清新闽东北"五条主题旅游线路，分别是山海行摄之旅、红色岁月之旅、文化寻根之旅、世界茶香之旅、休闲养生之旅，主题旅游线路对进一步提升闽东北协同发展区文化旅游的协作水平，尤其是区域之间优势互补、线路互推、市场开拓、客源共享有着重大意义。

2019年以来，闽西南协同发展区五市联合开展了一系列有创意、有影响的活动，如联合赴省外开展旅游宣传推介、共同设立"山海闽西南"台湾形象店等。新冠肺炎疫情后，为促进旅游市场复苏、文旅企业复工复产，闽西南五市联合组织了"闽西南e家人"旅游产品发布会以及公众销售会，通过线上平台直播线下现场活动的方式，吸引了6700万名网民的关注，在宣传山海闽西南，推进山海旅游协作方面取得良好成效。闽西南通过共筑旅游线路联盟，深入挖掘闽俗文化，共同打造经典世遗之旅、闽俗文化之旅、红色传承之旅、美食品鉴之旅等八类55条精品旅游线路，进一步丰富了"山海闽西南"区域旅游品牌内涵。①

4. 推进"旅游+"融合发展，促进山海旅游高质量发展

"十三五"以来，福建省全面整合旅游资源，依托自然生态环境、人文历史

---

① 畅游闽西南，发现近处美 | "闽西南e家人"旅游产品发布会在厦举办　五地抱团推广扩大"旅游内需"［EB/OL］．搜狐网，https：//www.sohu.com/a/403322877_679314.

底蕴等优势条件积极促进旅游与文化、现代工业、农业、健康产业、体育等各领域融合发展，推动文化旅游、工业旅游、体育旅游、康养旅游等新业态竞相发展，"旅游+"成为旅游产业转型升级的新动能。

一是围绕文化旅游培育融合新载体。福建省着力推动文化与旅游融合发展，打造文旅融合新业态，优化特色文化旅游品牌。泉州围绕建设"世界海丝文化旅游休闲目的地"，以"古城"为核心，复兴泉州古城古港"海丝"文化活力；莆田以打造妈祖文化为着眼点，推进建设世界妈祖文化中心；漳州以关帝文化、林语堂文化为引爆点，着力传承传统文化，培育特色文化品牌；南平着力打造"双世遗"文化、朱子文化、茶文化等大武夷旅游的营销卖点，创新产品供给；三明、龙岩分别以泰宁古城文化、红色文化等为突破口，不断增强文化建设和旅游发展的内生动力和市场竞争力。

二是依托工业培育旅游产业新业态。福建省采取"旅游+工业"的模式推动新型工业化和旅游文化产业融合发展，培育旅游产业新业态，延伸旅游产业链。福建工业历史悠久，有着深厚的工业文化底蕴，形成了丰富的工业旅游资源。借鉴台湾地区观光工厂的经验，福建推出传统工厂与观光旅游有机结合的旅游新形式：围绕马尾造船厂基地，打造工业遗产游，感受福建150年的船政文化史；围绕三钢集团，打造福建首家钢铁工业旅游区，见识最先进的钢铁技术；围绕天福茶园，打造观光工厂、工业博物馆、研学科普为一体的茶园游，领略茶园风光、学习茶文化史；围绕百威集团，打造百威中国啤酒博物馆，参观包装生产线，了解啤酒衍生产品。截至目前，福建已评选出97家观光工厂，三钢、天福、百威等9家企业成为省级工业旅游示范基地。[①]

三是依托体育运动赋能旅游产业。福建省通过举办体育赛事以及各类体育运动促进"旅游+体育"融合发展，如成功举办环福州·永泰国际公路自行车赛、福州鼓岭山径赛、武夷山国际马拉松赛等国际赛事，展示了福建特色文化、民俗风情以及美食等旅游资源；延伸和拓展了各类"旅游+体育"的新产品，如漂流、骑行、房车营地、户外露营、健步走等。

---

① 福建工业旅游：开启深层次融合发展之路［EB/OL］. https：//baijiahao. baidu. com/s？id＝166970 5404829573500&wfr=spider&for=pc.

四是联合康体养生开发生态康养旅游。福建省通过开发旅游休闲基地，促进"旅游+康养"产业融合发展，形成新的旅游热点。福建省开发培育了旗山森林人家、贵安温泉、厦门日月谷温泉度假村、泰宁境元森林康养生态园、德化九仙山等 66 家省级养生旅游休闲基地，东桥国际山地运动小镇、福建小时候户外营地、川捷休闲文体旅游区、武夷山太伟风景高尔夫俱乐部、北部生态廊道等 42 家省级体育旅游休闲基地。[①]

三、福建旅游产业存在的困境

福建省旅游经济快速发展的同时，也存在诸多问题。如自全域旅游发展理念提出以来，福建省各地围绕"全"字提出了各种发展理念，全域旅游遍地开花，产业上对"旅游+产业"的盲目追求容易失去旅游发展的亮点与特色，旅游目的地缺乏核心产品带动，旅游市场经济效益有待提升，旅游发展进入高投入、低效益的误区，进一步导致企业主体投入意愿低、人才缺乏等问题。

1. 旅游项目同质化，旅游产品体系有待完善

福建省旅游产品体系尚不完善、旅游产品同质化严重制约旅游产业的发展。一是旅游商品研发设计的创新意识差，产品缺乏原创性，地域特色不鲜明，存在大量同质化、单一化的旅游商品，对当地民俗文化资源挖掘不到位，游客难以形成购买意愿。二是旅游产品同质化严重。一个地区的旅游业发展成功，就会引来其他地区的竞相模仿，简单复制成功地区的旅游发展模式与经验，不立足于本地自然资源及文化资源，造成产业导向、业态培育、服务配套等方面的同质化发展，长此以往，易使游客产生视觉疲劳，旅游项目无法支撑产业的长期发展。三是缺乏对游客市场的调研，旅游产品设计具有较强的主观性，无法满足游客需求，难以产生游客喜闻乐见的旅游产品。

---

① 福建新增 34 家省级养生旅游、体育旅游休闲基地［EB/OL］. 中国经济网，https：//baijiahao. baidu. com/s？id=1692544086640334167&wfr=spider&for=pc.

2. 旅游经济效益有待提升

福建省旅游产业存在旅游消费不高、综合效益有待提升等问题。资料显示，过夜游游客消费占全国游客消费的80%以上，能够拉动更多的消费，旅游带动效应明显，因此过夜游游客数是检验旅游市场吸引力的黄金指标。从福建省统计数据来看，过夜游游客数量占比低于50%，游客在目的地停留时间不超过一天居多。目前，福建省过夜游发展较好的是厦门和南平，形成了较为成熟的两日游、三日游旅游圈，而龙岩、三明等地区过夜游市场发展还不成熟，景区、餐饮、娱乐等经营商各自为政，没有形成规模，更缺乏精品夜间旅游项目。从旅游消费支出来看，当前旅游还是以观光游览为主，缺乏有深度的娱乐项目及文化体验活动。如2020年福建省游客在旅游消费方面交通费和餐饮费占比分别为23.8%和19.1%，住宿、游览和娱乐费用为20.1%、7.0%和6.3%。从数据可以看出，游客的交通、餐饮、住宿等刚性消费较高，而在游览、娱乐方面的弹性消费占比偏低。因此，当前福建省旅游发展需优化旅游产品结构，提高旅游产品的创意性和特色性，拓展过夜游游客的市场，挖掘游客消费潜力，提升旅游经济效益。

3. 旅游公共服务设施与服务质量有待完善

福建省旅游咨询、换乘、交通、住宿、餐饮等旅游公共服务设施存在不足，主要表现在：内部旅游交通网络不发达，公共交通不健全，到景区景点的交通不够畅通；城镇建设较少兼顾旅游发展需要，城市休闲空间、游憩场所不足；由于没有稳定的旅游市场支持，又受新冠肺炎疫情的影响，星级酒店、美食街、购物街、娱乐项目等经营困难，无法形成良性发展的旅游消费链条。在全域旅游的推动下，福建省乡村旅游快速发展，但发展的过程中也伴随着一系列问题。一方面，大多数乡村所处位置偏僻，存在缺导游、停车难、乡村拥堵、住宿及餐饮配套设施缺乏等问题，交通、食宿、通信、卫生环境等硬件基础设施建设滞后；另一方面，乡村旅游服务水平也存在很大的上升空间，由于乡村旅游的服务人员一般是本地村民，没有受过专业培训，素质较低，服务意识淡薄，服务质量整体不高，容易引发游客不满，降低重游率。

4. 企业主体作用发挥不足

企业是旅游资源对接市场的桥梁，旅游产业要优化产业结构，实现旅游高质量发展，企业需发挥主体作用。目前，福建省企业存在总量少、规模小、较为分散的问题，还不能形成规模效应助力福建省旅游业的发展。一是福建旅游企业总量少。统计数据显示，2021 年广东、北京、江苏、浙江、山东的旅行社总量均超过 2000 家，福建旅行社总量仅为 1336 家，排名全国第 13（见表 4-2）。福建旅游企业与其他旅游大省相比总量较少。二是旅游企业规模小、资源有限、跨领域开发能力较弱。福建省内中小旅游企业较多，可供申请银行抵押贷款的固定资产较少，企业风险评估机制不健全，无法在银行获得抵押贷款和信用贷款，融资较为困难。而旅游产品的开发需要大量的资金投入，企业融资困难导致开发旅游产品受限。三是旅游企业整体分散，产品协同开发联结不紧密，无法形成较大的规模效应。

表 4-2　2021 年全国各地区（不含港澳台地区）旅行社数量

序号	地区	数量（家）	序号	地区	数量（家）
1	广东	3592	17	江西	1060
2	北京	3222	18	陕西	968
3	江苏	3155	19	广西	963
4	浙江	3014	20	山西	957
5	山东	2734	21	甘肃	883
6	上海	1865	22	黑龙江	799
7	安徽	1557	23	新疆	769
8	河北	1552	24	重庆	756
9	辽宁	1547	25	贵州	733
10	湖南	1468	26	海南	703
11	四川	1413	27	吉林	696
12	湖北	1395	28	青海	567
13	福建	1336	29	天津	524
14	内蒙古	1213	30	西藏	310
15	河南	1198	31	宁夏	191
16	云南	1125	32	兵团	167

资料来源：《2021 年度全国旅行社统计调查报告》。

5. 旅游发展的人才支撑不足

随着"清新福建"品牌的打响，福建全域旅游持续推进，不断涌现"互联网+""旅游+""乡村旅游""红色旅游"等新业态、新产品，福建省旅游业面临前所未有的机遇，但人才供给与旅游业需求之间有很大差距。人才总量不足、高端复合型人才稀缺、从业人员素质偏低制约福建旅游产业融合发展，如何留住高端人才、专业人才是福建省旅游产业发展的重要问题。

一是人才总量不足。福建省旅游行业从业人员约 67 万人，但仍然无法满足旅游业快速发展的需求。资料显示，福建旅游行业从业人员缺口近 3 万人。①

二是高端复合型人才稀缺。在福建省旅游与其他产业融合发展的背景下，不断涌现"互联网+""旅游+""乡村旅游""红色旅游"等新产品、新业态，电子商务、网络营销等旅游商业模式兴起，需要具有旅游规划、生态学、市场营销、酒店管理等多学科背景的复合型人才。福建省旅游人才队伍建设相对滞后，高端复合型人才稀缺。资料显示，福建省每年旅游专业毕业生数量在 6000 人左右，毕业后从事旅游相关工作的，本科及以上不足 20%，大专不足 45%。②

四、促进福建旅游协同融合发展的建议

1. 优化旅游发展格局，推动山海旅游协同发展

旅游协同发展更加注重对旅游目的地的统筹布局、产业融合、综合管理、系统营销，促进旅游业发展的现代化、集约化、品质化。闽东北、闽西南协同发展区应结合本地资源特点、旅游产业现状、社会发展基础和旅游市场前景等，注重对旅游目的地亮点的打造，注重与地域特色文化、成熟产业的融合，形成具有地域标志性的特色产品和新业态。

一是优化旅游发展格局。加快完善"二区三带三核"发展布局，推进闽东北、闽西南两大协同发展区旅游一体化发展，提升蓝色海丝、绿色休闲、红色文化三大生态旅游带品质内涵，打造福州、厦门、大武夷三大旅游核心区。在

---

①② 福建：旅游人才"缺口"这样补［N/OL］. 中国旅游报，http：//china. chinadaily. com. cn/2017-06/07/content_29656052. htm.

"山"的方面，加快建设武夷山国家森林步道、戴云山省级森林步道，支持武夷山建设富有文化底蕴的世界级旅游景区和度假区，支持泰宁建设内涵丰富的世界级风景名胜区，将主要风景名胜区、自然保护地、古村古道等历史文化区域串点成线，加快形成大武夷旅游圈发展格局。在"海"的方面，支持福州、厦门创建世界一流旅游休闲城市，建设福州三坊七巷、厦门鼓浪屿等一流的中国历史文化街区。沿海岸线建设滨海风景道，打造一批休闲游憩相宜的美丽海湾。加快全省古驿道旅游规划和沿闽江、汀江等旅游综合开发规划，引导完善城乡绿道、福道、亲水栈道等设施的休闲功能，促进城乡美丽景区与美好生活相融。做大海洋旅游，坚持一岛一景，抓好平潭岛、东山岛等重点海岛建设，培育三都澳、坛南湾等滨海旅游目的地。推进厦门邮轮母港建设和平潭金井邮轮码头改造提升，支持福州中国邮轮旅游实验区建设。鼓励厦门、东山等试点开发建设海上精品酒店。

二是增强旅游发展动能。支持各地依托自然生态、山水景观、人文特色、历史文化等资源条件，建设"风情小镇""花漾街区""美丽乡村"，实现宜居宜业宜游。龙岩可以依托古田会议会址、长征出发地、红军故乡长汀、中央红色交通线、中央苏区毛泽东调查研究之路等打响"红色古田，养生龙岩"旅游品牌，依托世界遗产打响"福建土楼"旅游品牌；泉州可以利用申遗的契机，打响"宋元中国·海丝泉州"旅游品牌；平潭用足用好政策，可以打造国际旅游岛；莆田可以依托湄洲岛打响"妈祖圣地，美丽莆田"旅游品牌；宁德可以依托太姥山、白水洋—鸳鸯溪等打响"山海宁德"旅游品牌。推进国家全域旅游示范区、省级全域生态旅游示范县区创建，推动国家级、省级旅游度假区、A级景区品质提升，力争到2025年福建省实现"县县有4A、市市有度假区"。

三是完善立体交通网络。支持莆田、连城、沙县等地建设机场，增开、加密通往京沪川鲁等主要客源地航线。实现国家5A级景区、国家级旅游度假区半小时上高速，推进国家4A级景区、省级旅游度假区便捷通高速工程。加强普通国省干线与4A级及以上景区的便捷衔接。实现机场、车站、码头到主要景区公共交通无缝对接，开通到4A级及以上景区旅游专线、班线客车，争取覆盖到3A级景区。国省干线公路和通往景区公路增设一批观景台、自驾车旅居车营地等设施，提升环闽高铁接驳站、高速公路服务区自驾游服务和休闲功能。

2. 打造旅游精品线路，推进旅游提档升级

一是支持省旅游发展集团以市场化方式与各地旅游企业合作，形成合力，联动推进做深、做精、做红 10 条精品线路，即新时代奋进之旅、山海浪漫之旅、红色经典之旅、海丝休闲之旅、文化体验之旅、乡村寻福之旅、世界茶乡之旅、舌尖品福之旅、温泉养生之旅、民俗风情之旅。加强与上海、广东、江苏、浙江等旅游大省（市）协作，推动旅游企业对接，共享市场，线路互送，实现资源共享、合作共赢。发挥福建文化海外驿站、海外旅游推广中心载体作用，加强与海丝沿线国家及地区的文旅交流合作。深化与港澳台地区交流，探索海峡两岸文化和旅游融合发展新路。

二是打造特色"旅游+"基地等功能板块，培育壮大优势企业集群，形成融合型生态旅游特色村、集镇群、示范县市，充分发挥集聚效应，促进产业结构升级。支持加快建设海丝国际旅游中心、福州古厝保护工程、厦门国际邮轮城、武夷山国家公园、福建土楼与客家文化产业带、长征国家文化公园（福建段）、刺桐古港和泉州古城、朱子文化园、马尾船政文化城等品牌项目。支持厦门万石植物园等创建国家 5A 级景区，支持泉州古城等创建国家级旅游度假区。鼓励整合特色小镇、文旅商圈、综合性标志性项目创建国家级文化产业和旅游产业融合发展示范区。

3. 创新旅游发展业态，推进"旅游+""+旅游"融合发展

当前，游客正从传统的观光式旅游向高级的体验式旅游、休闲旅游以及探险旅游转变。传统的观光式旅游依赖于自然资源或历史文化遗产，而体验式旅游给游客带来更多的感官体验，休闲旅游给游客带来更多的愉悦感，探险旅游给游客带来更多的刺激感。按照"+旅游""旅游+"的产业融合思路，加快旅游业与其他产业优化重组，推进旅游业与其他产业跨界融合、协同发展，催生新业态、创造新价值。

一是拓展乡村休闲旅游。顺应大众旅游和国民休闲时代到来的趋势要求，把发展民宿作为深化旅游供给侧结构性改革、实施乡村振兴战略的重要抓手。结合建设一批全国休闲农业重点县、全域生态旅游小镇、金牌旅游村、省级美丽休闲乡村和"水乡渔村"休闲渔业基地，制定出台促进福建省民宿发展的政策措施，统筹布局一批民宿重点项目，形成高中低档次兼具、中高端为主、特色鲜明的民

宿发展格局。顺应自驾游、自助游方兴未艾的趋势要求，支持各地发展非星级的精品酒店、特色酒店、连锁酒店等，构建旅游小镇、休闲乡村、房车露营地和旅游综合体等相结合的旅游空间体系。

二是培育壮大商务会展旅游。利用福建生态、气候条件良好的大环境，创造旅游景区及接待单位温馨的小环境，创新理念，完善设施，为上市公司等企业举办年度董事会、监事会、经营研讨会等提供优质商务活动服务，有效吸引各类企业高管等高端客源来福建旅游。鼓励福州、厦门等城市进一步营造优美人居环境、加快提高城市知名度，加强相关场馆设施、主题功能区、中央游憩区等建设，不断完善城市商业区旅游服务功能，着力打造专业化、规模化商务旅游产品，培育具有国际影响力的会议会展品牌，推动高端化商务旅游快速发展。

三是发展旅游演艺和音乐产业。推动专业艺术团体与旅游企业合作，提升旅游演出质量和市场竞争力。引导新文艺群体机构和聚落发展，加强闽台音乐产业交流合作，支持建设一批艺术产业集群。支持国家5A级景区、国家级旅游度假区以及全域旅游示范区率先推出旅游演艺剧目。发挥省市属文艺院团优势和作用，支持高雅艺术进景区、街区。引进专业音乐运营企业，探索建设音乐主题小镇、特色街区，引导音乐产业的创新、创作、创业和文化IP交易等。支持景区、街区等引进街头音乐艺人、特色民族歌舞，把音乐艺术表演融入休闲生活空间，提升城市品位和吸引力。

四是深化体育旅游。引导规范航空运动、马拉松、自行车、徒步越野等体育运动大众化、产业化发展，引进有影响力的国家级和国际赛事，推动赛事经济和高端游艇、户外休闲装备等制造业延伸产业链条。

五是拓展研学旅游。推动教育、会展、演艺、旅游等一体化建设，推出农耕民俗、红色教育、闽茶文化、温泉休闲、非遗体验等主题研学线路，增设一批中小学研学实践教育基地。

4. 延伸旅游消费链条，激发旅游消费潜力

引导景区、旅游集散服务中心、交通服务区等建设"大众茶馆""闽菜馆""福建特色商品体验馆"等旅游消费产品，延伸旅游消费联调，激发旅游消费潜力。一是加快培育福茶网等专业平台，支持重点茶产区打造一批茶文旅特色小镇，开展走茶道、学制茶、品茶宴、住茶宿、评茶赛、茶论坛等活动，做好茶产业、茶文化、茶科技的大文章。二是弘扬闽菜文化，发掘闽菜内涵，做好再开发、再提升工作，推进闽菜标准化，打造一批适应市民消费和游客需求的闽菜旗舰店、特色小吃品牌店，推出经典闽菜、福建名小吃和名饮品。大力推进闽菜餐饮服务与旅游互动融合，并有机延伸到林业、农业、渔业生产端和供应端，拉长食材产业链。三是推动闽茶、闽菜、福州漆器和软木画、厦门金线雕、德化瓷器、建阳建盏、莆田红木家具等特色商品进入旅游消费领域，促进传统老字号、非遗工艺、农土特产、工艺美术创新开发，发展文创产业，做大"福建好礼"产业，方便游客体验和购物，带动旅游消费火起来。

支持福州、厦门、泉州、三明等创建、建设国家文化和旅游消费示范城市、试点城市。大力发展夜间经济，推动各中心城市及长汀店头街、沙县美食城等策划精品夜游，举办夜间主题文旅活动，集聚观光游憩、文化体验、特色餐饮、时尚购物、网红经济、旅游演艺、康体休闲等多元夜间文旅消费业态，打造城市特色夜游品牌，创建国家级夜间文化旅游消费集聚区。鼓励各地结合传统农贸市场，融入文创市集，打造特色美食城，与夜间主题文旅活动深度融合，提升夜间经济活力。

5. 通过数字赋能，打造智慧旅游

随着大众旅游时代的到来，人们对旅游服务质量的要求越来越高。旅游行业都在积极探索如何通过智慧旅游来提升旅游业的管理水平和服务质量。国家和地方也不断出台政策鼓励发展智慧旅游。福建省应充分利用大数据、云计算和人工智能等信息技术，实现技术在旅游管理、旅游服务和旅游营销等方面的应用，更好地落地智慧旅游的建设。

一是通过大数据平台的建设，加强旅游行业的监管能力。福建省现在部署了大数据网评系统，可以集中汇聚主流的旅游电商系统上的游客的评分反馈数据，对景区、酒店和旅行社的运营情况进行监测。福建省可以进一步拓展大数据平台在旅游行业中的应用，通过接入和获取旅游景点、酒店和旅行社的数据，动态、实时地监管旅游企业对游客提供服务的全过程，对该过程进行全面及时的信息获取，包括景点的客流和车流、游客的评价和投诉、景区环境的监控、游客行为的及时发现等。通过对这些数据的进一步分析，可以有效地对旅游企业和政府相关单位进行精细化和针对性管理，推动其完善旅游服务功能，从而提高旅游服务的质量，进一步改善旅游发展水平。

二是通过云上智慧服务，提升旅游行业服务水平。"清新福建"智慧旅行社云可以支持符合技术规范的旅行社接入云平台，帮助旅行社快速实施内部信息化，以及建立自主批发分销体系。福建省可以进一步完善智慧旅行社服务，通过建设"一部手机全福游"APP，整合文化和旅游、交通、气象等部门的相关数据信息，实现门票在线预订、旅游信息展示、会员管理、优惠券团购、文化和旅游创意产品销售等方面功能①，一方面为游客提供全方位一站式旅游服务，引导旅游资源优化配置，另一方面制定出台智慧旅游景区建设指南和相关要求，明确在线预约预订、流量监测监控、科学引导分流，引导旅游景区通过开发数字化体验产品充分展示特色文化内涵，并普及景区电子地图、线路推荐、智能导游导览等智慧化服务，树立世界级旅游景区和度假区的智慧旅游景区样板。

三是通过利用互联网平台，拓宽旅游营销渠道。旅游行业传统的营销渠道是在电视等媒体上投放广告。互联网的发展，尤其是移动互联网的发展使电视媒体的影响力逐渐减弱，信息传播逐渐由官方媒体走向自媒体，很多电视节目也通过互联网的方式进行播放。福建省应把握时代的变化，积极转变传统的营销思维，利用好微博、微信和抖音等自媒体平台，可以邀请一些网络名人全方位、多角度地讲述福建旅游故事，同时鼓励旅游景区、企业和个人建设自媒体账号来宣传和推广福建旅游。同时，可以利用大数据技术来分析游客对福建旅游的评价，对游客群体进行分层，进行游客画像和偏好分析，结合旅游产品的结构，从而针对性地制定营销策略。

6. 培育和招商并举，做大做强旅游企业主体

企业是推动旅游产业融合创新发展的核心主体。企业应致力于吸引跨业态实力型企业，不断吸引资金、人才、技术、先进经验，对内则应大力培育骨干龙头企业，带动产业集团化、规模化发展。

在培育旅游龙头企业方面，实施文旅优秀龙头企业培育工程，支持通过整合资源、技术创新、品牌输出、跨界经营、兼并重组等方式，建立现代企业制度，

---

① 文化和旅游部等十部门. 关于深化"互联网+旅游"推动旅游业高质量发展的意见［EB/OL］. http：//www.gov.cn/xinwen/2020-11/30/content_5566041.htm.

实行股份制改造。对企业兼并重组重大项目发生的评估、审计、法律顾问、财务顾问等前期费用和并购贷款利息予以补助。支持符合条件的文化旅游企业上市融资或在新三板精选层等平台挂牌，扩大直接融资比重。对首发上市的企业，市、县（区）可给予一次性奖励。支持各类投资基金参与国有企业重大旅游项目开发。盘活机关事业单位脱钩的闲置资产，支持国有品牌企业做大做强。高起点建设一批重点旅游项目。

在外部企业招商方面，加强与知名旅游集团和管理服务品牌企业的合作，导入先进理念、成功经验、人才资源、客源渠道，有效整合福建省丰富的旅游资源，把资源优势转化为产业发展优势。支持国有企业以合资、合作经营方式，引进世界企业 500 强或中国企业 500 强、全国旅游企业集团 20 强和文化企业集团 30 强等知名企业来福建布局，投资开发重大旅游项目。用好海峡两岸（厦门）文化产业博览交易会、海上丝绸之路（福州）国际旅游节、世界妈祖文化论坛等平台，举办文化旅游投融资合作暨重大项目推介专场活动，实施精准招商。

7. 搭建有效供需平台，助推旅游融合发展

通过搭建供需平台、政策助力以及各类专题培训等方式，多管齐下填补旅游人才"缺口"，助推福建全域生态旅游省建设，推动旅游融合发展。

一是组织专场招聘，打造有效供需平台。政府每年定期组织旅游从业人员专场招聘会，不仅为用人企业解决招人难问题，也为福建省内毕业生提供了就业机会。二是出台政策支持，提供人才后援保障。福建着力打造"金牌导游"，并将其列为福建省旅游人才重点培养对象。各地旅游局应加强跟踪管理，建立常态化的进入和退出机制，出台金牌导游考核标准等相关政策，以确保"金牌导游"的服务品质和社会影响。同时，积极推出奖励机制，促进导游学历提升。通过奖励机制不断改善导游执业环境。三是设立突出贡献奖励基金，定期对为推动福建旅游发展、树立福建旅游形象做出重大贡献的旅游企业高层经营管理人才以及一线工作人员进行奖励。四是院企合作，人才资源共享。2016 年，为了促进旅游业转型升级，福建省由教育厅、人社厅、旅游局联合成立了福建省旅游行业职业教育指导委员会，搭建院企产学研合作平台。应充分发挥省旅游行业职业教育指导委员会在旅游职业教育中的研究、咨询、指导和服务作用，带动全省旅游类专业建设水平整体提升；要在产业和教育两个领域推进人才资源共享，形成"旅游

院校专家进企业、旅游企业骨干进校园"的良好氛围。五是专题培训，量身打造急需人才。持续推进"百千万"人才培训计划，组织旅游系统从业人员进行年度培训与远程教育学习，举办各类培训班及专题讲座；与各大院校联合举办旅游行政管理人员培训，吸引政府及旅游局的领导们参加培训。打造从一线员工到一线高管的专业人才，构建"大旅游"教育培训格局，为福建省旅游业转型升级、融合发展提供智力支撑及人才保障。

第五章　基础设施协同发展

　　基础设施协同发展是深化山海协作，实现区域共同发展的重要保障。近年来，福建省进一步加大了对城乡基础设施的投入，在交通网络、新型基础设施、能源基础设施、水利基础设施等领域的协同发展取得了显著的成效，人居环境持续改善，城乡综合承载能力不断增强，城乡运行效率显著提高，初步形成布局合理、设施配套、功能完善、安全高效的现代化城乡基础设施体系，为福建省两大协同发展区建设深入推进，福建经济高质量发展做出了重要贡献①。

一、福建省基础设施协同发展现状与成就

1. 逐步建成域内互通、域外互联的现代综合交通网络

　　经过"十三五"期间的投资建设，目前福建省已形成"两纵三横"综合交通运输大通道，初步建成域内互通、域外互联、安全便捷、经济高效、绿色智能的现代综合交通运输体系②。福建省围绕综合交通运输体系"一核三支"的总体战略，着力打造"211"交通圈（各设区市间2小时通达，福州都市圈、厦漳泉

---

　　①　福建省人民政府办公厅. 福建省人民政府办公厅关于印发福建省"十四五"城乡基础设施建设专项规划的通知［EB/OL］. http：//www.fujian.gov.cn/zwgk/ghjh/ghxx/202110/t20211013_5704130.htm，2021-09.
　　②　福建省人民政府办公厅. 福建省人民政府办公厅关于印发福建省"十四五"现代综合交通运输体系专项规划的通知［EB/OL］. http：//www.fujian.gov.cn/zwgk/ghjh/ghxx/202109/t20210902_5680119.htm，2021-08.

都市圈两大都市圈 1 小时通勤，设区市至所辖县、各县至所辖乡镇 1 小时基本覆盖）。此外，通过依托交通运输的先行引领作用，带动交通运输与产业群、城市群、都市圈、乡村振兴等联动发展，进而打造集约高效、智能绿色、安全可靠的现代化交通基础设施体系。具体来看，福建省在交通网络协同发展上的成就主要体现在以下几个方面：

（1）公路网更加健全完善。"十三五"期间，福建省公路总里程达 11 万千米，已形成"三纵八横"主骨架网。其中，高速公路通车里程突破 6000 千米（密度排名全国各省第 3 位），国高网福建境内段基本建成，与周边省份连接通道达 18 个，实现 80% 的陆域乡镇 30 分钟内便捷通高速。此外，福建省还建成农村公路 1.2 万千米，实施公路安保工程 2.3 万千米，在全国率先实行农村公路路长制、灾毁保险、建设养护工程包等机制。整体来看，福建省公路网络四通八达，各设区市分别拥有至少一个便捷换乘的综合客运枢纽和高效衔接的货运枢纽，全省建制村实现 100% 通客车。

（2）"轨道上的福建"初步形成。目前，福建省拥有铁路运营里程 3884 千米，其中高快速铁路达 1906 千米，实现了 9 个设区市动车环形运营。目前还有包括福厦高铁，龙岩至龙川、兴国至泉州铁路等在建里程 1061 千米，已建及在建铁路覆盖全省 90% 以上的县（市、区）。此外，重点城市福州、厦门均已迈入"地铁换乘时代"，福州地铁 1 号线、2 号线和厦门地铁 1 号线、2 号线已正式投入运营，运营里程 125.3 千米，福州和厦门分别有 4 条和 3 条地铁在建。

（3）港口群地位凸显。近年来，福建省现代化港口群加速崛起，全省沿海港口实际吞吐能力达 8 亿吨，已具备了停靠世界最大集装箱船、散货船、油轮和邮轮的能力。在货物吞吐量方面，全省港口年货物吞吐量与集装箱吞吐量均超过我国台湾地区，达到了 6.21 亿吨。此外，福建省还拥有像厦门东南国际航运中心这样的国际化航运中心，集装箱吞吐量排名全球第 14 位，曾获得"中国十大海运集装箱口岸营商环境测评"第一名。

（4）民航连通度持续提升。在民航连通方面，福建省民航旅客吞吐量超5000 万人次，在国内各省份中排名第 9 位，货邮吞吐量排名第 7 位。厦门高崎机场和福州长乐机场旅客吞吐量在全国 200 多个机场中分别排在第 13 位和第 28

位。随着福建省内民航连通度不断提升，全省已开通国际和港澳台空中线路79条，基本实现对全世界主要城市的通达。

（5）城乡区域交通协调发展达到新高度。近年来，福建省陆续完成了完善国省干线骨架网络、推进通乡（镇）公路建设、提升农村路网安全设施水平、推进乡镇综合运输服务站建设等任务目标。目前，全省97%的乡镇通达三级及以上公路，约60%的建制村通双车道公路。此外，随着农村邮政快递网络的不断完善，建制村直接通邮率和快递网点乡镇覆盖率均达到了100%。

（6）运输网络加速实现全覆盖。近年来，福建省交通运输现代服务业蓬勃发展，网络货运、快递产业两大集群已初具规模。随着中欧、中亚国际班线持续拓展，"海上丝绸之路""陆上丝绸之路"也已实现无缝衔接。此外，省内公众出行服务也变得愈加便捷，全省延伸优化公交线路近800条，已基本实现中心城区公共交通站点500米覆盖；所有建制村通客车，80%以上县（市、区）城乡交通运输一体化发展水平达到4A级。值得注意的是，目前闽台交通融合也正持续深化，"金马"通桥工程有序推进，开通了厦门、平潭至高雄的客货滚装航线。

（7）交通减费增效效果显著。目前，福建省高速公路省界收费站取消工作正实现平稳运行，12项指标稳居全国第一，ETC使用率居全国第一。随着交通减费降负的扎实推进和综合行政执法的逐渐规范，福建省交通营商环境持续优化。据统计，福建省省级审批和公共服务事项同比精简54.4%，"一趟不用跑"事项占比100%，未发生重特大安全事故，安全生产事故起数、伤亡人数均下降10%以上。

2. 新型基础设施建设加速推进

新型基础设施建设（以下简称"新基建"）是以新发展理念为引领，以技术创新为驱动，以信息网络为基础，面向高质量发展需要，提供数字转型、智能升级、融合创新等服务的基础设施体系。福建省积极抢占新基建这一新的风口，充分发挥新基建的乘数效应，为全方位推动高质量发展和区域协同发展提供强大基础支撑①。

---

① 福建省工业和信息化厅. 福建省人民政府办公厅关于印发福建省新型基础设施建设三年行动计划（2020—2022年）的通知［EB/OL］. http://gxt.fujian.gov.cn/zc/zxzxcfg/sjzcfg/202008/t20200817_5364984.htm, 2020-08.

（1）统筹部署新网络基础设施。近年来，福建省加快统筹部署新网络基础设施建设，具体措施包括以下三个方面：一是加大5G基站站址、用电等支持力度，加快5G网络建设，逐步向有条件的县（市）、乡（镇）延伸覆盖。通过建设新一代超大容量、智能调度的光传输网，优化偏远农村和海岛地区的网络服务。二是巩固提升物联网水平。一方面，建立全省统一的物联网感知设施标识，同时加快实现窄带物联网络覆盖县级以上城市主城区和重点区域；另一方面，通过建设物联网接入管理与数据汇聚平台，实现感知设备统一接入、集中管理和数据共享利用。三是加快建设工业互联网。通过开展"5G+工业互联网"融合应用，加快工业互联网高质量外网建设，推动重点行业龙头企业、地方骨干企业开展工业互联网内网改造升级和示范应用。

（2）加速构建新技术基础设施。目前，福建省建设新技术基础设施主要工作集中在两个方面：一是加快建设人工智能平台。其中包括建设数字福建人工智能公共平台和福建智能视觉AI开放平台，以及建设提供技术开发、知识图谱、算法训练、产品优化、开源代码托管等共性服务的开放性云平台。此外，全省还筹划建设一批高质量主题数据库，提供人工智能创新应用多场景验证和训练环境。二是有序部署建设区块链平台。一方面，推进建设安全可控、可扩展的区块链底层基础服务平台以及区块链算力平台、基础软硬件平台等；另一方面，建设跨链平台，形成支持金融、政务、民生等数字化发展的分布式信任体系。在智能合约、金融、物联网、智能制造、供应链管理、不动产、智慧城市等领域培育100个以上区块链典型应用。

（3）积极推进新算力基础设施建设。在推进新算力基础设施建设方面，福建省主要有以下三方面的举措：其一，统筹布局云计算大数据中心。福建省依托数字福建（长乐、安溪）产业园优先布局大型和超大型数据中心，积极打造闽东北、闽西南协同发展区数据汇聚节点，并加快建设市级政务数据中心，推进设区市及下辖县（市、区）部门数据中心统一迁移整合。其二，合理部署边缘计算中心。福建省通过加快数据中心从"云+端"集中式架构向"云+边+端"分布式架构演变，推动云边端设施协同有序发展。依托建立面向特定场景的边缘计算能力，优先在数据量大、时延要求高的应用场景集中区域部署建设一批边缘计算资源池节点。其三，加快建设超级计算中心。通过推动省超算中心（二期）建设，布局建设智能计算中心，提供超高速算力资源。此外，随着厦门鲲鹏超算中心的扩展升级，可提供大数据集群、云搜索等多样化的新型超算服务。

（4）建立健全新安全基础设施。在建立健全新安全基础设施方面，福建省主要部署了以下三个方面的工作：一是建设网络运行安全设施。通过加强网络安全威胁信息共享，全面提升大数据环境下防攻击、防泄露、防窃取的监测预警和应急处置能力。二是建设网络信息安全设施，包括建设网络信息安全保障平台与建立公共数据全生命周期安全保障和分级分类管理体系。三是建设安全、可信的支撑设施。通过同步规划、同步建设、同步运行密码保障系统并开展定期评估，强化密码技术在关键信息基础设施中的推广应用。

（5）推动新融合基础设施建设。在推动新融合基础设施建设方面，福建省有以下五个方面的主要举措：第一，建设数字乡村基础设施。通过推动农村水利、公路、电力、冷链物流、农业生产加工等传统基础设施数字化转型，加快形成全省农业信息资源"一张图"。第二，建设新型智慧城市基础设施，具体包括实施城市大脑工程、建立城市综合管理服务平台、推进市政基础设施智能化改造、建设全省统一数字信息视觉网络和服务平台，以及加强公有视频监控资源整合和共享利用等。第三，建设智慧交通基础设施。加快公路、铁路、轨道交通、航空等传统基础设施数字化改造，建设全省交通大数据中心。第四，建设智慧能源基础设施，具体包括建设东南能源大数据中心、建设油气管道综合管理平台和建设覆盖主城区的一体化"互联网+"充电设施等。第五，建设智慧医疗基础设施。建设省统筹全民健康信息平台，实施县域医疗卫生服务信息能力提升工程，加快实现全省看病就医"一码通行"。

（6）发力构建新平台基础设施。在新平台基础设施建设方面，福建省通过建设、完善数据资源基础平台，拓展省市政务数据会聚共享平台、省公共数据资源统一开放平台功能，运行全省统一的公共数据资源开发服务平台，以期最终形成公共数据资源管理应用体系。

3. 能源基础设施互联互通取得显著成效

（1）电力保障能力进一步提升。在统筹保障全省电力供应方面，福建省主要完成了以下几个方面的工作：第一，重点推进漳州核电、霞浦核电、神华罗源湾电厂等大型电源项目建设，建成华电可门电厂三期、漳州核电 1 号和 2 号机组、霞浦核电示范快堆 1 号机组。第二，进一步完善省内主干输电网架结构，建成北电南送新增输电通道以及宁德棠园、泉州洋荷等一批 500 千伏输变电工程。第三，推动源网荷储一体化，提升能源利用效率和发展质量。进一步拓展省外联网，建成闽粤联网工程，在更大区域范围内提高资源优化配置能力。第四，推进管道数字化改造、智能化应用，建设一体化"互联网+"充电设施，加快建设电力物联网，开展配电网终端智能化改造。第五，实施能源安全战略，提升能源储备能力。强化统筹网、源、荷布局，推进单机 30 万千瓦级纯凝燃煤机组以等容量新建煤电项目替代，完善省内主干输电网架结构，优化电力调度，满足北电南送和区域经济发展对电力的需求，进一步提高电力保障能力。

（2）"多气源一张网"的格局初步形成。在构建"多气源一张网"方面，福建省采取了以下几个方面的举措：第一，加快构建煤炭供应保障长效机制，依托省内主要煤炭中转基地及主要燃煤电厂推进煤炭储备体系建设。第二，推进 LNG 接收站建设，加快形成天然气多气源保供的市场化竞争格局。第三，支持炼化等企业建设商品油储设施。保障核与辐射安全，维护新型领域安全。第四，加强天然气基础设施建设，推进 LNG 接收站及外输管线和西三线支干线、海西二期管网和互联互通工程等天然气管道建设，尽快实现设区市全部通管道天然气。

4. 水利基础设施建设取得重大进展

（1）洪涝防御体系进一步完善。福建省持续推进"五江一溪"防洪工程、沿海防潮工程，加强大中型水库、引调水和堤防工程建设，提高水资源优化配置和水旱灾害防御能力。投资 710 亿元，完善山海兼顾、安全可靠的洪涝防御体系。围绕"消隐患、强弱项"，加快推进江河防洪和沿海防潮提升工程建设，重点实施宁德上白石水库、闽江干流防洪提升、闽东苏区宁德市防洪防潮、三明安砂水库加高四个重大项目，以及"五江一溪"防洪治理、病险水库水闸除险加固、城市防洪防涝能力建设等八类面上项目。

（2）水资源配置体系日趋成熟。福建省投资 995 亿元，完善节约高效、空间均衡的资源配置体系。围绕"挖潜力、强骨干"，加快推动一批重点水源和重大引调水工程建设，大力推进城乡供水一体化，逐步实现城乡供水"同水质、同服务"，重点实施全省农村供水提升，金门供水水源保障，闽西南、闽江口城市群及闽东水资源配置，九龙江北溪水闸改扩建，马祖供水，浙溪、龙湘、新桥大型水库 10 个重大项目，以及中小型水库、引调水工程等六类面上项目。其中，平潭及闽江口水资源配置（"一闸三线"）工程是全国 172 个节水供水重大水利工程之一，是福建省最大的水利基础设施工程，也是补齐福州市饮水安全基础设施短板的重要民生项目。该项目总投资 61.6 亿元，输水线路总长 181.58 千米，全部工程建成后，年平均供水量 7.89 亿立方米，总受益人口达 580 万人。

（3）和谐稳定的生态保障体系逐步完成。福建省投资 380 亿元，完善人水和谐、健康稳定的生态保障体系。围绕"重保护、促修复"，坚持保护优先、自然恢复为主，加强水源涵养与河湖保护，重点实施木兰溪下游水生态综合修复与治理、重要河流水生态修复与综合治理、莆田宁海闸三个重大项目，以及安全生态水系、水土保持两类面上项目。加快推进闽江口城市群、闽西南、闽东等重点水资源配置工程，兴建一批大中型水库，做好水库除险加固，增强山区、沿海区域水源调配能力，提高洪水优化调度水平，保障重要河湖生态流量。

（4）数字水利体系实现统建共享、互联互通。按照"全域覆盖、全网共享、全时可用、全程可控"的建设目标，福建省水利厅采用统建共享、互联互通的建设模式，创新应用国内视频监控最新技术，多措并举，建成了全省统一的数字水安视频监控平台。具体包括：突出智能化应用，组织编制了福建数字水安视频监控平台的技术指导意见书和智能应用场景技术规范，统一全省水利视频监控系统的规划、设计、建设、验收及运行维护标准；突出行业监管需要，整合全省已建视频资源，按照急用先行、分批建设的原则，新建并接入了全省 2100 路涉水视频监控资源，覆盖全省所有 207 座大中型水库、25 座大型水闸、53 个重点水利工程、11 处水保实施区、141 个流域重要断面和其他 260 多处水利工程设施，形成了全省水利视频资源"一张网"；依托水利部视频云平台和数字福建视频服务公共平台，实现纵向贯通"部、省、市、县"四级水利部门，横向打通环保、公安等部门的视频共享体系。此外，福建省还将投资 15 亿元，完善信息共享、系统完整的数字水利体系。围绕"强感知、增智慧"，根据数字福建、智慧社会的战略部署，对标"安全、实用"总要求，充分利用 5G、北斗、视频、遥感、人工智能、区块链等新一代信息技术，确保全国智慧水利在福建率先落地见效。

二、福建省基础设施建设协同发展的典型经验

1. 福州都市圈基础设施协同发展

2011 年 10 月，福建省福州市提出推进"福莆宁同城化"；2019 年，福州市牵头莆田市、南平市、宁德市、平潭综合实验区三市一区编制《福州都市圈发展规划》；2021 年 1 月，福建省委常委会会议审议通过《福州都市圈发展规划》。2021 年 5 月，国家发展改革委的复函，使福州都市圈成为继南京都市圈之后，国内第二个获得国家层面批复同意发展规划的都市圈。福州都市圈的设立旨在强化福州省会中心城市的重心辐射作用，拓展城市发展空间，密切福州市与莆田市、宁德市、南平市和平潭综合实验区的联系，加强分工与合作，推进组团式建设，推动福莆宁南平同城化连片繁荣发展①。

福州都市圈面积 3 万平方千米，GDP 超过 1.5 万亿元，常住人口接近 1500 万人，人均 GDP 超过 10 万元，GDP 占福建省 GDP 的 1/3。其范围包括福州、莆田全境，南平市延平区、建阳区和建瓯市，宁德市蕉城区、福安市、古田县和霞浦县。目前，福州都市圈已形成"一区两翼、双轴多极"的空间结构。其中，"一区"为福州中心发展区，"两翼"为南翼发展区和北翼发展区。"南翼"即福清和平潭，"南翼"拥有丰富的港口资源条件，具备发展港口工业及其他临海重工业，建设成为福州市乃至全省的重要产业基地的潜力。"北翼"即罗源和连江部分地区，依托台商投资区扩区的优势，重点发展以能源工业为主的临港工业基地。"双轴"即沿海发展轴和沿江发展轴。"多极"包括永泰县城以及福州西部山区（主要指永泰、闽清、闽侯）的中心镇，永泰县城承担一定区域内的服务中心和经济增长极功能，中心镇重点承担镇域及其相邻地区服务中心和产业集聚区功能。

---

① 福建省人民政府. 福建省人民政府关于印发福州都市圈发展规划的通知［EB/OL］. http：//www. fujian. gov. cn/zwgk/zxwj/szfwj/202107/t20210709_5644123. htm，2021-06.

要加快提升中心城区功能品位和同城化进程，逐步形成以福州大都市区为核心，莆田和宁德为"两翼"的紧密型、一体化融合的同城化发展新格局，实现交通互联和基础设施共建共享是关键。在基础设施协同发展方面，福州都市圈有以下几项重要举措值得借鉴：

（1）以基础设施建设带动区域融合发展。福州都市圈（闽东北）的基础设施建设主动适应了其发展的需要，通过共同推动四市一区各种交通由相对独立发展向更加注重一体化融合发展转变，同时以区域交通运输资源统筹配置和综合利用为主线，以增强基础设施连接性、贯通性为重点，加快构建立体综合一体化的"引领型"交通网络体系，进而缩短城市空间距离，增进福州都市圈（闽东北）经济紧密度，最终大幅提升了区域综合发展水平，实现了共建共治共享和同城化。

（2）建设同城化公交通勤圈。福州都市圈通过强化宁德—福州—莆田滨海发展带交通廊道通行能力和南平—福州—平潭的山海协作、陆岛一体发展带的廊道通行能力实现了都市圈内部公路建设同步，从而进一步完善了"四纵三横二联"高速公路主骨架，建立了以城际铁路为核心的城际就业通勤交通体系，并以多元、便捷的公共交通方式为补充，完善了跨城通勤交通体系。

（3）逐步建成对外联系通道。福州都市圈通过搭建"环+放射+方格网"的路网架构已基本形成骨架路网体系。此外，随着串联福州市辖区和连江长乐闽侯的福州四环及串起福州沿海 5 县（市）区、全长 298 千米滨海大道的全面通车，连接中心城区与周边县市的高速通道均已基本建成。与此同时，福州市域对外交通发展迅速，交通枢纽地位稳步提高，公路、铁路建设满足预期，区域可达性大大提升，为闽东北城市带新的城市空间的延伸和拓展奠定了新的基础。

（4）依托交通网络拓展福州港口腹地空间。福州都市圈通过大力推进与福州港口对接的陆地港建设，促进福州港口运输及物流业发展，进一步服务周边及内陆地区经济发展，进一步提升福州港在沿海港口中的竞争力。同时，加强与"一带一路"沿线国家和地区紧密对接，打造"一带一路"互联互通重要门户枢纽。此外，通过加快重点港区开发建设，促进港产城联动发展。结合港口规划引导和促进各港区合理分工、相互协作，适应都市圈区域经济社会发展对港口的建设要求，促进沿海港口群、产业群、城市群联动发展。

（5）构建联动区域水利网络。福州都市圈推进跨区域水利基础设施建设，共同加强流域水环境综合治理与生态修复，提升区域水安全保障能力，包括：推进跨区域引调水工程，提升区域水资源保障能力；加强重要水源地保护，在充分节水和科学论证的前提下，推进跨区域水资源配置和水利基础设施建设；加强饮用水水源地和备用水源安全保障达标建设及环境风险防控工程建设，加快推进平潭及闽江口水资源配置（"一闸三线"）工程建设，加快推进闽江口城市群水资源配置提质增效工程和闽东水资源配置工程的前期论证；综合考虑水生生物影响，合理推进大中型水库建设，完成大中型灌区续建配套与现代化改造，推进城乡供水一体化，提升区域供水保障水平；成立区域水资源水环境监测中心，建立区域水资源水环境监测预警机制；统筹构建水质和水生生物资源监测网络，设置统一的监测断面，各部门、各地区分工开展监测工作，实现数据互通，避免重复建设和资源浪费；统一都市圈水资源环境监测技术标准体系，对检测频次和监测项目进行统一要求，建立水质和水生生物资源监测全过程的技术规范，搭建统一的水环境监测预警平台。

（6）打造现代化综合交通运输枢纽。福州都市圈（闽东北）在一小时经济圈、生活圈、工作圈基础上，以国际航空城、丝路海港城、现代物流城等为重大平台，打响海港空港国际品牌，构建服务全国、面向世界的综合交通枢纽。具体措施包括：第一，打造门户枢纽机场。加快建设国际航空城，围绕机场核心区打造一批集商业、餐饮、旅游等为一体的城市综合体，以临空经济示范区为核心，大力发展高端装备制造和航空货运、维修、服务等临空产业。第二，建设现代航运港口。加快建设丝路海港城，巩固提升"南集北散"发展战略的地位和影响力，加快港航基础设施建设，打造服务全国、面向世界的规模化、集约化、专业化港口群。第三，融合提升物流体系。建设现代物流城，突出现代物流、制造及商贸三大主导功能，集中承接周边商贸物流业转移，合力打造东南区域物流集散中心。第四，推进5G智慧港口建设，提升沿海港口群物流运转效率。加快重点港区整体连片开发，完善集疏运公共基础设施建设，大力发展铁水联运、公水联运，进一步提升港口的服务能力和综合竞争力。

（7）推进市政基础设施和综合防灾体系共建共享。福州都市圈按照区域共享的原则，适当调整边界区污水处理厂和垃圾处理厂规模，使之辐射周边邻近区域。加强连接偏远港区的城市公共污水管网建设，强化船舶污染物接收转运处置设施的运行和衔接，提升油污水、化学品洗舱水处置能力。鼓励相邻区域打破行政区限制，共建共享污水处理设施，实现管网互联互通；鼓励相邻地区统筹规划、合理布局，共建生活垃圾处理厂和再生资源回收基础设施。通过推动供水、供电、供气、供热、排水等各类市政管网合理衔接，强化都市圈内市政基础设施协调布局。加强公共消防设施、消防救援力量、应急救援装备建设和应急物资储备，提高防灾减灾救灾能力，加快实施智能化市政基础设施建设和改造。

（8）共建安全韧性、智慧高效的基础设施网络。福州都市圈充分把握 5G 等新一代信息基础设施建设、大数据应用、能源使用清洁化等时代发展趋势，结合都市圈现状及发展条件，聚焦数字都市圈、清洁能源基地、区域水利网络、市政基础设施和综合防灾体系建设等重点领域，加快新型基础设施布局，共建安全便利、智慧高效的基础设施网络。具体包括：

第一，协同推进 5G 网络布局，加强区域物联网建设。借助福州成为联通 5G 首批商用试点城市的契机，建成都市圈面向 5G 关键技术的试验环境，分工协作开展应用创新，成为国内领先的 5G 商用示范区。全面布局基于互联网协议第六版（IPv6）的下一代互联网，发挥福州国家级互联网骨干直联点作用，结合"数字福建·宽带工程"，实现都市圈内城市固网宽带光纤全接入，稳步降费，拓展农村"互联网+"。

第二，共同推进都市圈的城市管理、企业运营、民生服务数字化。加快布局新型基础设施，协力打造智慧应用场景。协同开展 5G 综合应用示范，促进互联网与经济社会各领域的深度融合，集约建设数据中心，提高区域协同应用大数据水平。依托数字福建（长乐）云计算中心建设，统一都市圈的数字城市建设标准，搭建跨区域的行业信息、部门信息、地理信息、物联网公共服务平台，建设全面覆盖、泛在互联的智能感知网络以及数字城市时空信息云平台、空间信息服务平台等信息基础设施。

第三，推进新型城市基础设施建设，加快建设城市信息模型（CIM）基础平台，协同发展智慧城市与智能网联汽车，推进智慧社区、智慧园区、智慧建筑建设，推动智慧建造与建筑工业化协同发展。

第四，共建跨区域网络安全保障系统。建设区域异地数据灾备中心，构建跨区域网络安全预警系统。健全网络与信息安全信息通报预警机制，加强实时监测、通报预警、应急处置工作，建立统一高效的网络安全风险报告机制、情报共享机制、研判处置机制，协同处置网络安全应急事件，完善跨网络、跨行业、跨部门、跨地区的应急联动机制。统一区域网络安全标准，共同培养网络安全人才。协同推进区域数据保护、新技术与新业务安全评估工作，推动网络安全保障从分散保障管理向协同化、体系化转变。建设区域网络人才队伍，增强区域网络安全领域创新能力。

2. 厦漳泉都市圈基础设施协同发展

厦漳泉同城化，构建厦漳泉大都市区，是福建省委、省政府着眼于推动福建省科学发展、跨越发展而做出的重大战略部署，对于三市共同拓展发展空间、扩大发展机遇，在更大平台上集聚竞争优势、打造引领跨越发展的强大区域增长极具有重要意义。厦漳泉都市圈面积约 2.6 万平方千米，包括福建省东南部沿海的泉州、厦门、漳州三个设区市及所辖县区。2020 年，厦漳泉都市圈 GDP 达到 2.1 万亿元，常住人口达 1900 万人，人均 GDP 超过 11 万元，GDP 占福建 GDP 总量接近一半，中心城市为厦门和泉州。

推进厦漳泉都市圈建设和区域协调发展是通过实施"东通西拓、南联北延"的空间发展策略，建立更加有效的区域协调发展新机制，依靠新时代"山海经"，充分发挥龙头带动作用，增强厦漳泉都市圈辐射带动能力，着力构建优势互补、高质量发展的协同发展格局。互联互通的基础设施网络建设对都市圈的内外联动发展具有重要的基础性、先导性、全局性作用，厦漳泉都市圈在这方面取得了一定的进展。

（1）交通网络跨区布局，完善多层次轨道交通网络体系。厦漳泉都市圈通过积极构建高铁、城际轨道和高速公路等多种交通方式的同城通道，完善综合交通网络，实现厦漳泉龙大都市区"1 小时交通圈"。相关措施包括：畅通都市圈内主干路网和高快速通道，加快建设沈海高速复线连接线、晋同高速，推动建设翁角路、海翔大道等跨市域公路；加快建设厦漳泉城市联盟路，合力打通一批跨区域"断头路""瓶颈路"，厦漳跨海大桥、国道 324 复线、厦漳同城大道先后建成通车；取消厦门进出岛"四桥一隧"通行费，大幅降低厦漳跨海大桥通行费，1 小时交通圈基本形成；厦门地铁 6 号线延伸至漳州角美，4 号线预留泉州接口，厦漳泉城际 R1 线等项目有序推进；强化不同交通方式间的衔接，重点推进翔安机场、厦门北站、海沧新城综合交通枢纽等综合客运站点建设与完善，实现客运便捷换乘；以城际快速铁路客运、大容量铁路货运通道为主线，以高速公路、快速通道为补充，构建厦漳泉都市圈与龙岩的山海交通"大动脉"，推动龙岩融入大都市区，加快协同发展。

（2）加速空海枢纽跨区优化。厦漳泉都市圈通过完成厦门港与漳州港的资源整合，形成优势互补、互惠共赢的港口、航运、物流服务体系。据统计，2017年厦门港集装箱吞吐量首破千万标准箱，超过高雄港，预计翔安新机场首期建成后吞吐量将超过 4500 万人次。此外，以厦门新机场为核心建设厦泉临空协作区，以东南国际航运中心为核心建设厦漳临港产业区；加快推进翔安机场及大型配套交通枢纽建设，完善机场快速集疏运体系，拓展厦门腹地。

（3）推进构建现代化综合运输体系。厦漳泉都市圈通过推进港口型国家物流枢纽建设，以港口、航空枢纽、铁路货场为核心，优化城市物流功能布局。相关措施包括：加强航空货运能力建设，打造快捷高效的航空直运、中转、集散等服务；依托海港，拓展内外贸航线，做大内外贸中转；促进跨业融合发展和物流金融服务，创新物流新业态、新模式；推进客运通道和滨海旅游通道连接贯通，加快三市统一的货运快速通道（漳州同安大道—厦门海翔大道—泉州高速联盟线）建设。此外，厦漳泉都市圈还积极推动物流设施智能化升级改造，建设综合物流信息平台；打造多式联运物流服务链条，积极探索综合物流全程多式联运"一单制"试点。

（4）统筹推进城市基础设施建设，实现基础设施共建共享。厦漳泉都市圈通过统筹建设实现了基础设施的共建共享，主要包括：第一，系统布局建设 5G、工业互联网、大数据中心等新型基础设施，构建"城市大脑"中枢系统。第二，统筹推进能源结构调整，提升清洁能源消费比重，建设一流城市智能电网，提高供电质量及可靠性。第三，加快水利基础设施建设，统筹跨区域水资源配置，实施区域水源连通和城市水体质量提升工程。第四，加强城市排水设施、供气设施、环卫设施、海绵城市和综合管廊等市政设施建设。第五，公用设施跨区覆盖。推进长泰枋洋水利枢纽工程、九龙江北溪雨洪利用工程、区域气象中心等项目建设，统一三市通信资费标准，实现区域公交支付"一卡通"。

（5）厦门市跨岛发展实现城市能级稳步提升。作为厦漳泉都市圈的中心城市，厦门市的协同发展战略具有重要的借鉴意义。长期以来，厦门市推进跨岛发展战略，实施"岛内大提升、岛外大发展"，"一岛一带多中心"城市空间格局持续拓展。近年来，厦门市创新构建项目"1+3+1"决策推进机制，推动"6+2+8"责任主体扩权赋能，推进城市更新、功能再造与协调共享齐头并进，城市能级稳步提升。具体举措包括：

第一，厦门市加快推进基础设施跨岛布局，坚持基础设施先行，推动交通、市政、5G等传统和新型基础设施建设。立足"强枢纽、密路网、优公交"，大力推进岛外交通基础设施建设，构建便捷高效的现代交通网络。高标准建设市政设施，提升供水、供电及燃气等保障能力。加强新型基础设施布局，推动信息技术与城市公共设施深度融合，提升城市功能和产业基础。新机场航站区综合交通枢纽等工程加快建设。福厦高铁关键节点取得突破，远海码头铁路专用线开建。海沧隧道基本贯通，翔安大桥等一批交通重点工程加快推进，"两环八射"快速路网基本形成。

第二，厦门市纵深推进"岛内大提升、岛外大发展"战略。在"岛内大提升"方面，大力实施城市更新行动，保护历史风貌，优化发展空间，提升产业能级，完善城市功能品质，建成区域创新中心的核心区、区域金融中心的聚集区、全国文明典范城市的标杆区。在"岛外大发展"方面，加快翔安航空新城、马銮湾新城、环东海域新城、集美新城、东部体育会展新城、同翔高新城等岛外新城建设，启动东部市级中心建设，不断完善城市功能、基础设施和公共服务配套，加快推进产城人融合、优化职住平衡。通过坚持岛内外一体化发展，厦门市在更高水平上实现了城市空间格局跨岛拓展、产业结构跨岛升级、公共服务跨岛覆盖、生态建设跨岛推进、人文内涵跨岛提升。

第三，加强海沧、前场、厦门新机场等物流产业聚集区建设，构建海陆空联运、内外联动、双向互济的物流服务网络。完善集疏运体系，大力发展多式联运，推进铁路、公路、水运、航空等运输方式有效衔接，实现水陆联运、水水中转有机衔接。完善东渡港区、海沧港区、空港场站集疏运项目建设，畅通区域和城市货运通道。

三、推进福建省基础设施协同发展的相关建议

近年来，随着福建省深入推进闽东北、闽西南两大协同发展区建设，深化山海协作、推动区域融合发展的战略持续落实，福建省基础设施协同发展取得了一定的成效，但同时也存在一些问题。

首先，协同发展重大项目加快推进，但接续项目乏力，缺乏一批"引爆点"重大项目。近年来，两大协同发展区积极推进一批重点项目建设。福厦客专、福平铁路、双龙铁路等加快建设，南三龙铁路、厦漳同城大道、福州长乐国际机场第二轮扩能工程等建成投用，城际轨道交通、厦门新机场等跨区域重大交通项目正在加快推进前期工作。但目前两大协同发展区由于缺乏政策约束力，尚未形成稳定的制度结构，也缺乏区域长期紧密合作的积极性，新生成的推动协同发展区建设的大项目、好项目较少，协同发展重大项目接续不足。

其次，区域发展差距仍然较大。第一，福建区域经济发展不平衡，总体上呈现西部山区经济较落后、东部沿海地区经济较发达的局面。两大协同发展区内各市县发展也不平衡，部分市县产业项目支撑不足、民生配套滞后、基层人才紧缺。作为闽东北中心城市的福州，对周边城市辐射带动能力还较弱；而作为闽西南核心引擎的厦漳泉都市圈的同城化进程还需在体制机制方面取得突破。第二，公共资源区域配置不均衡。教育、医疗、养老等领域资源投入有待增加，系统性的合作有待加强。就优质医疗资源分布而言，全省三级甲等医院主要集中在沿海经济较发达地区，其中福州占36.8%、厦门占17.5%、泉州占10.5%。山海教育资源分布也不均衡，尽管少数学校开展教育合作（强校带弱校）试点，但尚未形成系统、长效的制度保障。医疗、养老资源共建共享案例不多，医疗机构之间数据共享、双向转诊仍在起步推进中。

最后，区域协同发展机制有待完善。协同发展区的合作往往受制于行政级别不对等、地方发展意愿不统一、成本分担和利益分享机制不完善、考核机制不健全等问题，协同发展机制仍不健全，城市间难以平等协商，城市合作受到限制。

目前，闽东北、闽西南两大协同发展区虽已初步建立了以福州、厦门为依托的山海合作、优势互补、共同发展的新格局，促进了协同各方的经济发展，但协同发展区的经济利益共同体尚未形成，区域经济潜力尚未充分发掘。

如何化解上述问题并通过基础设施的协同发展引领闽东北、闽西南两大协同发展区深度融合，进而实现福建省经济的高质量发展是目前值得关注和探讨的重要问题。

1. 加强制度建设和顶层设计

加强制度建设和顶层设计是实现区域基础设施协同发展的前提条件。福建省各城市的行政级别存在较大差异，如福州为省会、厦门为副省级城市、漳州和泉州等为地级市，加强制度建设和顶层设计就具有了必要性和迫切性。由于行政区域的划分阻碍了资源要素的流通，不利于协同发展的推进，因此在制度设计上应先打破行政体制壁垒，探索行政区域一体化。建议由政府牵头，建立联络推进委员会，定期举行会议，缩短项目审批流程，减少藩篱隔阂，加强政策协调沟通①。同时，鼓励省内高校加强合作交流，探索推进协同发展的方法。

2. 合理分配各地发展利益

基础设施协同发展的目的是以基建为纽带促进各地经济发展，同时缩小地区间的发展差距。在这一过程中，福州和厦门作为中心城市，凭借自身的经济发展水平和优势，在基础设施建设方面具有领先地位且获得了较大的发展利益，而其他地区获得的利益则较少，这样的发展方式不具有可持续性且易因利益分配产生不必要的矛盾。目前，闽东北、闽西南协同发展已成为一个较为复杂的系统工程，妥善解决其中的利益分配和补偿机制问题是推进两大协同发展区共同发展的关键。建议相关部门广泛听取意见，完善相关法律法规，制定合理的利益分配和补偿机制，要坚持有事多商量、遇事多商量，解决好协同发展过程中遇到的各种利益纠葛。通过转移支付、税收返还、财政补贴等方式平衡各地利益，让发展的成果更好地惠及各地百姓。

3. 坚持开放融合和远近结合

要继续坚持以整体优化、协同融合为导向，加强多种交通运输方式高效衔

---

① 曾坤升．区域经济一体化视域下厦漳泉同城化优势问题及对策［J］．现代业，2019（1）：73-74.

接，推进综合交通一体化发展。此外，还应促进交通运输与相关产业融合发展，积极培育新动能、新业态、新模式。服务"一带一路"和两岸融合发展，着力实现航线通、陆路通、信息通、物流通，形成与国际供应链相匹配的国际运输网络。建议相关部门在规划层面统一发展理念，以"一核三支"总体战略为引领，充分衔接《交通强国建设纲要》和《国家综合立体交通网规划纲要》部署，既统筹中长期发展目标，也考虑近期任务落地见效，为福建综合交通网络的长远发展和规划夯实基础。

4. 明确两大协同发展区发展目标

应着力构建和优化提升"两极两带六湾区"区域发展新格局，实现海陆空间统筹发展、协调布局、互惠互利、共建共赢，更加积极地融入国家区域发展战略。在定位上，闽东北协同发展区要以交通互联互通为基础，以产业融合发展为支撑，发挥省会城市福州的引领作用、辐射带动作用和服务作用，大力推进基础设施互联互通、产业发展合理分工、公共服务平台共建共享、文化旅游共同开发、生态环境协同保护，力争建设成为改革开放先行区和国际化都市区。闽西南协同发展区则要立足全新起点、更高站位、更强合力，以合作共赢为基础，以体制机制创新为保障，以项目建设为抓手，以厦漳泉都市圈建设为引擎，重点在基础设施建设、产业合作、公共服务、生态环境整治等方面进行合作，力争建设成为践行新发展理念、推动高质量发展的先行区、示范区[①]。

5. 积极推进区域协同联动

应立足区域比较优势、现代产业分工要求、区域优势互补原则、合作共赢理念，以资源环境承载能力为基础，以城市群建设为载体，以资源要素空间统筹规划利用为主线，努力建设目标同向、措施一体、优势互补、互利共赢的协同发展新格局，引领和带动福建全省区域的协同联动发展。具体包括：强化福州都市圈和厦漳泉都市圈自身内在联系和功能互补；针对不同地区实际制定差别化政策，坚持"扬长补短、开放互动、共同发展"的指导方针；坚持优势集聚、合理布局和差异化发展。

6. 构建区域互利共赢机制

要实现区域间基础设施建设的协同发展，如何构建互利共赢的机制是问题的

① 吴肇光. 构建新机制 推动两大协同发展区融合发展［J］. 海峡通讯，2019（12）：24-25.

关键。建议按照优势互补、互利共赢的原则，创新区域合作的组织保障、规划衔接、利益协调、激励约束等运行机制，着力提高财政、产业、土地、环保、人才等政策的精准性和有效性，因地制宜培育和激发区域发展动能，为区域经济发展和竞争力提升提供支撑和保障。要更加注重区域一体化发展，破除制约协同发展的行政壁垒和体制机制障碍，构建促进协同发展、高质量发展的制度保障，促进生产要素跨区域有序自由流动，提高资源配置效率和公平性。

7. 加快建立区域共建共享机制

要实现存在发展差异的地区间的协同共进，需要加速建立区域间共建共享机制。具体措施包括：调整完善转移支付体系，通过完善财政事权和支出责任划分、规范转移支付等措施，加大对省域范围内基本公共服务薄弱地区扶持力度，逐步建立起权责清晰、财力协调、标准合理、保障有力的基本公共服务制度体系和保障机制，努力实现基本公共服务均等化、基础设施通达程度比较均衡、人民基本生活保障水平大体相当的目标，逐步缩小区域基本公共服务差距。坚持以人民为中心的价值取向，更加注重包容性发展，逐步完善全民覆盖、普惠共享、城乡一体的基本公共服务体系，努力实现城乡基本公共服务均等化，不断促进人的全面发展、全体人民共同富裕。

第六章　科技协同创新

科技协同创新是创新驱动发展战略的关键之举。《中共中央关于制定国民经济和社会发展第十四个五年规划和二〇三五年远景目标的建议》明确提出"坚持创新驱动发展，全面塑造发展新优势"。福建省在党中央坚强领导下，坚持把科技创新作为高质量发展的第一动力源，积极推进科技协同创新，尤其是山海科技协同创新成效明显，各地总体创新能力显著提升，科技创新载体空间和人才队伍不断强化，加速技术攻关协作和科技创新成果转移转化。然而，福建省在探索山海科技协同创新发展中仍需进一步发挥创新增长极对山海协作的引领作用，提高山海协同创新对接能力，强化山海协同创新配套等。

一、福建省山海科技协同创新发展现状

福建省积极探索山海科技协同创新模式，共同推进城市间协同发展，不断激发区域整体创新活力，强化科技创新载体空间共建共享，共同开展关键创新技术攻关，引导科技创新产业化研发及成果转化，精准培养创新人才。

1. 各地总体科技创新能力

（1）强化创新投入驱动作用，持续强化企业创新研发激励，稳步提升科技创新实力。2016~2019年，福建全社会研发投入年均增长17.7%，较全国平均水平高5.9个百分点；2019年，福建研发投入强度（研发经费与GDP的比值）为

1.78%，较 2016 年提升了 0.19 个百分点，其中，福州、厦门、龙岩三地研发投入强度高于全省平均水平，分别高 0.37 个、1.18 个、0.13 个百分点。稳步推进研发费用加计扣除政策，2020 年，有 7499 家企业申报享受研发费用加计扣除政策，较上年增长 37.3%，累计研发费用加计扣除额 300.6 亿元。① 技改投资驱动传统产业转型升级，推动其高质量发展。"十三五"期间，福建技改投资年均增长 15%以上，促进纺织鞋服、食品轻工、机械制造等传统制造业两化融合水平快速提升。

（2）多措并举推进科技型企业创新发展，有效降低创新产出不确定及其收益外部性等风险。第一，加大对高技术产业的支持力度。2020 年，福建高技术制造业投资增长 16.2%，较制造业高 18.5 个百分点。第二，不断提升金融服务科技创新能力，促进"科技贷"金融服务助力科技型中小微企业发展，开展科技保险工作，目前累计投放 119.5 亿元，惠及 1671 家科技型中小微企业。截至2020 年，已向省内 606 家高新技术企业发放科技保险补贴 3445.3 万元，为这些高新技术企业提供了约 590 亿元的风险保障。② 第三，加大对科技小巨人领军企业的培育奖励，培育一批"专精特"的行业龙头企业。2020 年，福建科技型中小企业和省级高新技术企业约 7275 家，其中，认定省科技小巨人领军企业 2816家。目前，福建对 1311 家此类企业奖励 6.04 亿元，带动企业研发投入约 100.06亿元。第四，实施创新券制度，对科技型中小企业、创客等后补助方式的创新券补助金额达到 1.33 亿元；开展科技型中小企业入库制度，并为入库的企业提供税收优惠、创新券补助等。

（3）知识产权创造能力显著提升，福夏泉创新集聚趋势明显，区域创新成果不断丰富。福建建设"知创中国"和"知创福建"线上线下综合性知识产权运营双平台，以联动方式推进重点产业及龙头企业的专利导航产业发展创新计划，更好地提升知识产权质量效益。2019 年，福建新增省级及以上知识产权优势企业 128 家，获国家专利 8891 项，其中福州、厦门、泉州三地国家专利约占全省的 87.6%，2015～2019 年三地国家专利年均增长率分别为 15%、14%、

① http://kjt.fujian.gov.cn/xxgk/gzdt/mtjj/202101/t20210106_5509722.htm.
② 福建省科学技术厅. 福建科技厅联手中国银行 3 年提供不少于百亿"科技贷"［EB/OL］. http://kjt.fujian.gov.cn/xxgk/gzdt/mtjj/202108/t20210809_5665833.htm.

17%。福建各地 2019 年国家专利获得情况及 2019 年相对 2015 年增长率如图 6-1
所示。2020 年，福建有效发明专利 50756 项，每万人口发明专利拥有量达到
12.8 项，较 2016 年增长 106.5%。

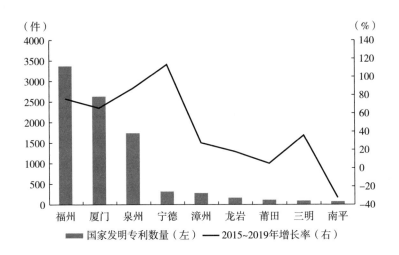

图 6-1　2019 年福建各地获国家发明专利情况

2. 科技创新载体空间建设

（1）围绕创新链产业链集成打造共享开发空间，鼓励产业集群的龙头企业、
核心企业牵头组建产业技术创新战略联盟，全面发展多形式创新研发机构、众创
空间、孵化器等。如福州软件园建设了共性技术共享支撑平台、园区供需对接平
台、关键技术协同验证平台、应用场景测试验证平台等，探索线上线下平台联动
的协同创新模式，线上实现技术供需两侧匹配，线下开展联合研发。目前，福建
拥有省级及以上产业技术创新战略联盟 34 家，省级及以上重点实验室、技术研
究中心、新型研发机构等 939 个，省级及以上众创空间 353 家，科技企业孵化器
178 家、在孵企业 3501 家，省级产业技术研究院 36 家。2020 年，福建布局设立
了 10 家"一带一路"对外合作科技创新平台，与沿线国家开展科技研发、技术
研究等创新活动。

（2）设立平台建设专项资金，支持重大科技创新平台建设，搭建技术交流
合作平台。如福建三明每年统筹安排 2000 万元平台建设专项资金，对重大科技

创新平台进行年度绩效考核评估，建立绩效奖补制度。为了推进福厦泉国家自主创新示范区与省内其他地区协同创新，设立专项资金支持自创区协同创新平台，2020 年安排专项资金 2 亿元，其中，1 亿元已用于支持福厦泉三市光电信息、能源材料、化学工程 3 个省创新实验室建设，6000 万元用于支持绩效奖励，2000 万元用于基本建设，另外 2000 万元用于协同创新专项①。此外，福厦泉国家自主创新示范区与香港科技园公司签订创新合作框架协议，组织跨区域产学研对接技术需求，加强闽港科技交流合作。

（3）充分利用院地合作打造创新服务平台，构建以企业为主导的创新网络。如莆田市政府与中科院上海分院、福建省科学技术厅、中科院海西研究院合作共建中科院 STS 福建中心莆田分中心。充分发挥企业为主导的创新平台的作用，助力产业转型升级，如九牧集团每年将销售额的 5% 进行技术研发和产品创新，建立的研究院、转化中心实验室等达 90 多个，平均约每天获得一项专利。此外，针对中小企业，为了缓解企业科技创新需求投入不足问题，协调多方力量，共建联合实验室，如闽南师范大学与长扬科技、厦门卓网三方合作共建工控信息安全联合实验室，三明学院与厦门厦钨共建高端储能材料联合实验室。

3. 技术攻关协作发展

（1）充分发挥多主体创新资源优势，共同开展关键创新技术攻关。为了更好激发福建省内高校和科研院所的存量创新资源、引进国内外增量创新资源，福建省成立了福建省创新研究院，重点攻关产业关键共性技术、前沿引领技术、颠覆性技术等。鼓励优势科研院所、高等院校、企业、社会投资机构等组建"创新联合体"，开展产业关键技术攻关和应用。支持创新实验室打造产学研用协同创新平台与产业新生态，加快推进创新实验室与企业建立中试基地、研究中心等，联合开展关键产业技术研究、成果转化等，如清源创新实验室分别与福建百宏、永悦科技共建了聚酯中试基地、特种化学品研究中心。利用专项经费支持"卡脖子"关键核心技术，如安排 2000 万元专项经费支持信息科技领域中大数据低成本和超长期安全存储技术。

---

① 《福建省财政厅　福建省科学技术厅关于下达 2020 年度福厦泉国家自主创新示范区建设省级专项资金的通知》（闽财教指〔2020〕83 号）。

（2）探索建立了重点产业产学研协同创新重大项目目录制度，梳理福建重点产业发展亟须解决的关键核心技术、"卡脖子"技术，加强高等院校、科研院所、企业等不同主体合作，提升自主创新能力。从福建科技进步奖和技术发明奖成果看，作为科技成果主要参与者之一的企业，其约有一半的科技成果是通过产学研方式实现的，2019年通过产学研合作的成果有88项，占获奖成果的比重为49.2%。莆田为帮助企业破解关键技术瓶颈，从需求侧着手专项技术调研，有针对性地组织企业与科研院所开展技术攻关合作，建立了集收集分析、联络撮合、孵化落地、评价督导等服务为一体的常态化对接机制。厦门组织产学研协同创新对接峰会，推进高等院校、科研院所等的科研成果与企业技术需求现场对接，强化财政科技经费支持研究机构与企业开展合作项目，还从2017年开始重点针对企业技术需求开展常态化技术需求对接工作。

4. 科技创新产业化研发及成果转化

（1）积极对接"百城百园"行动，充分利用财政资金撬动社会资本，引导多元化资源支持科技成果转化。2020年，福建获得中央财政投入900万元、省级财政投入163亿元，其中地方财政和社会资金分别为22亿元和141亿元，带动相关产业营业收入约2793亿元。福建省科学技术厅成立了科技成果转化创业投资基金，总规模达3.75亿元，其中社会资本约占66.7%。晋江利用财政和社会资本引导成果转化，2020年以来，与企业达成技术服务、成果、产学研合作等近1000项，合同金额达1亿元。① 为促进科技成果转移转化及在福建落地转化，加强对技术转移服务机构的补助，如厦门计划每年提供200万元、三年不少于600万元的经费补助，对于促成科技成果转移转化落地的，将按技术交易实际支付额的3%奖励技术转移机构。目前，福建高新技术产业化效益指数居全国第4位。

（2）以产业园区为载体集聚创新要素，构建创新全链条服务体系，搭建技术成果转化公共服务平台。目前，福建省级及以上开发区、经开区、高新区、海关特殊监管区等园区达到100个，积极发挥这些园区的科技创新辐射带动作用，可以有效推进经济高质量发展。开展产业园区标准化建设"科技创新专项行

---

① http：//kjt.fujian.gov.cn/xxgk/gzdt/mtjj/202103/t20210319_5552305.htm.

动"，推进试点园区科技资源与产业资源融合，加速科技成果产业化。同时，依托产业园区优势创新资源，围绕重点产业集群构建创新全链条。如福州高新区打造了"众创空间—孵化器—加速器—产业园区"全链条孵化育成体系；厦门积极打造高端科技服务业集聚区，推行"一站式"科技创新创业综合服务线上平台，与高新区、中小在线等互联互通，开展跨区域科技成果"云"推介等活动。

（3）积极开展成果对接活动，促进创新成果和技术需求精准对接，推动更多成果转化落地。2020 年 3 月 16 日，福建省工业和信息化厅印发《福建省工信厅 2020 年项目推介对接工作方案》，促进项目成果和技术需求的精准对接，推动各地开展"6·18 创交会对接日"系列对接活动。为了满足不同的科技创新需求，各地积极开展不同形式的主题对接交流活动。如福州举办"2020 年闽东北协同发展区网上科技成果推介会"，联合福州同业公会、民营科技实业家协会、产业集群窗口服务平台等举办企业互访交流对接活动；莆田举办以"强化科技金融链接，助力创新驱动发展"为主题的科技金融对接会；龙岩举办高新技术企业资金技术成果对接会。

（4）健全技术创新市场导向机制，强化源头创新和供给，做好科研院所成果转移转化对接工作。"十三五"期间，福建科技成果转化成效显著，创新活力逐步释放，技术市场引进总量大幅提升。2020 年，福建技术合同成交金额为183.86 亿元，而吸纳技术成交金额为 513.72 亿元，较 2015 年增长了 3.4 倍，其中吸纳技术领域为新能源和现代交通，占比达到 40.29%，而企业作为技术交易的主体，占比达到 90.32%。[①] 从各单位技术买卖情况看，2019 年福建企业法人技术买卖金额占比达到 91.6%。福建依托企业良好的创新基础，充分发挥其在成果转化中的关键作用，推进科技创新成果规模化、产业化。2019 年，福建规模以上工业企业研发人员超过 18 万人，其中福州、厦门、泉州三地规模以上工业企业研发人员均超过 3.5 万人，占全省的一半以上，为 65.2%（见图 6-2），且三地研发经费支出均超过 110 亿元，约占全省的 59.7%。另外，积极推进科研机构成果转移转化也是促进区域科技创新产业化的关键。如 2016～2019 年，中科院海西研究院在福建新增成果转移转化项目百余项，为企业带来新增销售收入

———————————

① http://kjt.fujian.gov.cn/xxgk/gzdt/stdt/202103/t20210301_5542677.htm.

54.7亿元，新增利税8.2亿元①。

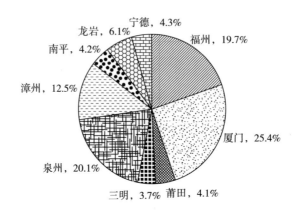

图6-2　2019年福建各地规模以上工业企业研发人员占比

5. 供需精准对接，夯实创新人才队伍

（1）人才是创新的根基，而企业的科技创新人才是支撑福建创新高质量发展的关键，要依托高等院校、培训机构等培养企业所需的创新型人才。2018年，福建研发人员为24.34万人，主要集中分布在规模以上工业企业，尤其是大中型企业中，占比约为48.63%，而科研机构、高等院校研发人员占比仅为16.85%。2019年，福建研发人员折合全时当量为17.15万人年，比2016年增长29.74%，其中南平、漳州、泉州、三明的研发人员折合全时当量增长率高于全省平均水平，分别高出24.65个、18.49个、14.30个、9.02个百分点。2016～2019年福建各地研发人员折合全时当量如图6-3所示。学校是人才培养的重要基地，要在利用好高等院校资源的基础上，加强职业技术培训等活动。2019年，福建普通高等学校在校学生数、毕业生数分别为86.12万人、20.02万人，比2010年分别增长27.62%、30.51%；职业技术培训机构注册学生数为76.57万人，结业学生数为101.14万人。

---

① 高能引擎，助推产业加速升级［N］．福建日报，2020-10-07.

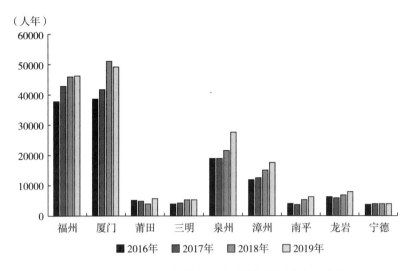

图 6-3 2016~2019 年福建各地研发人员折合全时当量

（2）多渠道引育科技创新人才，加强高层次创新型科技人才队伍建设，为地区经济社会发展提供智力支持。福建实施"八闽英才"培育工程，组织形式多样的人才培训，如技术经理人培训班，参加中国国际人才交流大会，开展"创业之星""创新之星"等产业型创新领军人才遴选活动，采用灵活、柔性的方式引进人才。例如，宁德出台《宁德市柔性引才认定支持办法（试行）》，规定的柔性引进人才主要指在不改变人才的人事、户籍、社保等关系的前提下，采取顾问指导、短期兼职、对口支援、"候鸟服务"、项目合作、二次开发、"飞地引才"等方式（不含省市科技特派员、科技服务团、名医师带徒工作室等形式），从市外柔性引进人才或团队。2012 年至今，福建有 126 人、12 个创新团队和 4个研究基地入选科技部创新人才推进计划。

（3）探索建立畅通的人才流通渠道，推进科技创新人才下沉，实现人才供给与产业发展需求精准匹配。充分发挥科技特派"机制活"的优势，通过揭榜挂帅、组团建站等定制服务快速集聚国内优势创新人才资源，从高校和科研院所选认一批院士、长江学者、知名专家等组成科技特派团，为福建传统产业转型、高技术产业科技攻关等提供人才支撑。2017 年以来，福建选认工业领域个人科技特派员 6408 人，其中数字经济领域科技特派员约占 42.8%。^①为了加大力度推进科技特派员工作，省级财政将每年安排 1 亿元专项经费。探索科技创新供需对接机制，推进"订单式"需求对接、"菜单式"服务供给，推进科技特派员创新服务向更深层次、更宽领域、更高水平拓展。推进科技特派员向一、二、三产业全覆盖，其中一产占 71.62%、二产占 18.22%、三产占 10.16%。同时，从 2015 年开始每年计划 2000 万元左右经费，用于支持技术水平高、创新能力强、发展潜力大的互联网经济优秀人才创业项目，采取沿海、山区等差别化评审方案，平衡区域间经济发展差异。

二、福建省山海科技协同创新典型经验

福建省在积极推进山海科技协同创新过程中开展了大胆尝试，如组织建设山海协作创新中心、推进山海协作创新平台共建，以及充分发挥数字经济带动作用，探索开展"数字丝路""智慧海洋"等区域特色试验，畅通信息"高速路"、优质数字政府服务等。

1. 组织建设山海协作创新中心

（1）为了加快推进山海科技协同，大力支持山海协作创新中心建设，助力山区地市吸附人才、补齐产业结构和科技创新短板等。2019 年，福建印发了《福建省发展和改革委员会关于组织建设山海协作创新中心的通知》（闽发改高技〔2019〕8 号），致力于建设若干个特色明显、支撑有力、机制灵活的山海协作创新中心，具体地，山海协作创新中心联合沿海或山区政府、龙头企业、高校和科研机构，通过载体空间和创新能力建设、人才引进、机制创新，整合创新资源要素，其主要任务集中于技术研发服务、推动成果转化、人才引进培养等方面。加大预算内资金支持力度，将山海协作创新中心列入省级预算内资金支持重

---

① 科特派定制服务 福建产业升级装上"最强大脑" [EB/OL]. http://kjt.fujian.gov.cn/xxgk/gzdt/mtjj/202108/t20210811_5667429.htm.

点，同时对研发成果显著的山海协作创新中心择优给予奖励。作为福建山海协作创新中心之一，将乐轻合金产业技术山海协作创新中心获得的 1000 万元扶持资金用于自身建设。

（2）立足于区域产业特色及优势创新资源，联合企业、科研院所和高等院校等，共同组建山海协作创新中心。2019 年 5 月，福建省发展和改革委员会印发了《福建省发展和改革委员会关于福建省光电信息技术山海协作创新中心（筹）组建方案的批复》（闽发改高技〔2019〕327 号），联合海峡（连城）光电产业技术研究院与福州大学平板显示技术国家地方联合工程实验室，成立光电信息技术山海协作创新中心，建成光点触控、光电显示、系统集成、LED 照明与 3D 显示灯实验平台，项目总投资 4675 万元。2019 年 5 月，福建省发展和改革委员会印发了《福建省发展和改革委员会关于福建省高端药物制剂山海协作创新中心（筹）组建方案的批复》（闽发改高技〔2019〕329 号），立足宁德产业基础，瞄准创新制剂研发领域，针对医药产业和行业发展重大需求，联合闽东力捷迅药业与福建师范大学工业微生物发酵技术国家地方联合工程研究中心，成立高端药物制剂山海协作创新中心，项目总投资 4505 万元。2020 年 9 月，福建省发展和改革委员会印发了《福建省发展和改革委员会关于福建省轻合金产业技术山海协作创新中心（筹）组建方案的批复》（闽发改高技〔2020〕570 号），立足于将乐轻合金特色产业，依托机械科学研究总院（将乐）半固态研究所有限公司福建省高性能铝合金先进成形工程研究中心，联合厦门钨业股份有限公司福建省稀土材料及应用工程研究中心，设立轻合金产业技术山海协作创新中心，重点聚焦高性能铝合金产品开发，项目总投资 4350 万元。

专栏一　5G 智慧校园山海协作创新中心建设

产学研合作是共建山海协作创新中心的一种常见的协作模式。2020 年 6 月 8 日，福建省电子信息集团与三明学院举办战略合作协议签约仪式，双方将以智慧校园建设为切入点，深化山海协作，围绕 5G、大数据、云计算、信创等领域的技术创新、人才培养、产业发展开展广泛合作，共同建设"5G 智慧校园山海协作创新中心"，共同打造"智慧校园"示范校。电子信息集团将发

挥数据运营和支撑保障能力、强大的科技研发实力、丰富的综合信息化服务经验优势，与三明学院共同开展校企合作，为电子信息行业发展联合培养更多更好的实用型、科技型、骨干型人才，通过三明学院辐射周边产业园，按照产业数字化、数字产业化的思路，构建电子信息产业链生态。

资料来源：福建省人民政府国有资产监督管理委员会．深化产教融合　省电子信息集团与三明学院共建"5G 智慧校园山海协作创新中心"［EB/OL］．http：//gzw. fujian. gov. cn/zwgk/gzdt/gzyw/fjsdzxxjtyxzrgs/202006/t20200615_5303727. htm.

2. 山海协作共建创新平台

（1）以福州都市圈、厦漳泉都市圈建设为引擎，充分发挥闽东北、闽西南两大协同发展区发展支撑作用，推动山海协作产业园建设，加速跨区域技术合作和交流。福建省科学技术厅印发《关于推动闽东北和闽西南两大协同发展区科技创新发展的若干措施》（以下简称《措施》），强调加快推动山海科技协作，鼓励由福州、厦门两地牵头，分别联合闽东北、闽西南其他地区，打造若干个特色明显、支撑有力、机制灵活的山海协作创新平台。同时，《措施》还强调支持有需求的山区龙头企业在福厦泉三片区与当地政府、高校院所共建山海协作创新平台。对符合省级高水平创新研发平台条件的，优先给予支持。依托产业链合作发展"飞地工业"，强化山海科技协同加快发展。如明溪—鲤城山海协作产业园按照"两头在鲤城、中间在明溪"的合作模式，建成产业梯次转移基地。提升宁化华侨经济开发区等平台承载能力，促使泉港区帮助宁化县企业与厦门大学建立博士后流动工作站、联合实验室及校企合作实训基地。① 2020 年，福建 22 个扶贫重点县的山海协作共建产业园区申报考核评价结果显示，排名前五的产业园区分别为福建连城工业园、顺丰共建产业园区、汽配工程机械产业园区、集美（清流）共建产业园、武平县思明高新园区。

（2）以整合平台资源推动科技成果转移转化，设立专项科技资金，支持山海协作创新。依托国家重点实验室、新型研发机构、科技企业等创新主体，共建高端协同创新平台，推进区域科研与产业应用良性互动。例如，宁德富发水

---

① 福建省工业和信息化厅，http：//gxt. fujian. gov. cn/gk/dbwyzs/201908/t20190807_4959 893. htm.

产有限公司依托福建省大黄鱼育种国家重点实验室与厦门大学合作，成功开发中国首个大黄鱼高通量分型芯片"宁芯1号"。大力推动创新实验室与区域创新主体协作，如嘉庚创新实验室从国内外吸引院士、国家级等高层次人才40余人，与宁德时代、厦门金龙等近70家省内外行业龙头企业广泛开展合作，自主创办了一批高技术企业。① 大力支持科技特派员与服务对象建立"利益共同体"，鼓励科技特派员依托众创空间、孵化器、产业创新联盟等创新服务平台开展工作，加速推动科技成果转化。同时，为加快推进山海协作，深入推行科技特派员制度，福州、厦门每年各出3000万元，对口支持南平、宁德、龙岩、三明四个山区市的科技特派员工作。围绕闽东北、闽西南两大协同发展区规划，福建启动建设山海科技协同创新平台等新型研发机构，最高可补助1000万元。

3. "数字福建"助力福建省山海科技协同创新

（1）数字经济逐步成为驱动经济高质量发展的新动能，探索开展"数字丝路""智慧海洋"等区域特色试验，促使实体经济数字化转型，推动区域经济高质量发展。"十三五"时期，福建信息化水平居全国前列，2020年数字经济规模超过2万亿元，较上年增长约15%，占全省地区生产总值的45%左右。其中，省级及以上数字经济领域重点实验室、研究中心、企业技术中心、大数据研究院等超过145个，产值超过百亿元的电子信息制造企业13家，入选中国互联网百强企业7家，形成了电子信息、软件服务、物联网、大数据等一批数字经济千亿产业集群。从各地区数字经济发展情况看，2020年，福州数字经济规模达到4600亿元，占全省地区生产总值的比重约为45%，其中软件业规模超过1500亿元，如福州软件园聚集约800家企业，东南大数据产业园初步形成了大数据龙头企业集聚发展态势，园区累计注册企业569家；泉州数字经济规模为4112亿元，对经济增长贡献率超过45%，形成一批典型的数字赋能平台（如泛家居、爱陶瓷等）和企业（如柒牌、华宝智能科技等）②；厦门数字经济规模为3650亿元，占全省地区生产总值的比重达到57%，规模以上数字经济核心产业企业619家；漳

---

① http://kjt.fujian.gov.cn/xxgk/gzdt/mtjj/202104/t20210412_5571959.htm.

② 福建省科学技术厅. 泉州：数字经济规模超4000亿元［EB/OL］. http://kjt.fujian.gov.cn/xxgk/gzdt/mtjj/202108/t20210812_5667794.htm.

州数字经济规模超过 2000 亿元，占全省地区生产总值的比重超过四成。福建省经济信息中心发布的《2020 年福建省数字经济发展指数评价报告》结果显示，福建数字经济发展指数为 74.58，其中，闽东北、闽西南两大协同发展区指数分别为 74.1、75.1，福州、厦门、泉州三地在数字经济发展基础及创新应用方面表现突出。

（2）强化数字赋能，数字福建向经济社会创新前沿延伸，为福建经济高质量发展提供巨大动能。福建出台一系列政策办法鼓励数字经济发展，例如，出台了《福建省数字经济发展专项资金管理暂行办法》（闽财建〔2018〕45号），将 5G 产业、人工智能、卫星应用、平台经济、物联网、"数字丝路"等专项项目列入 2020 年重点扶持的数字经济发展专项；印发《2021 年数字福建工作要点》，提出加快建设国家数字经济创新发展试验区，加快数字社会建设，深化"数字丝路"合作，加快新型基础设施建设，深化数据资源开发利用，强化统筹协调等，尤其是在健全统筹协调机制方面，强调要指导各地部门建立纵向衔接、横向协同、共建共享机制，健全评估考核机制。2020 年、2021 年福建分别发布了 135 项、205 项数字经济应用场景。伴随着新一轮科技革命浪潮，在人工智能（AI）、大数据、5G 等数字经济领域形成一批新模式、新业态，通过"互联网+AI"加速制造业转型升级，成为驱动福建产业转型升级和新福建建设的核心动力。其中，物联网、人工智能、电子商务等数字产业对福建经济拉动作用显著，工业互联网、大数据、人工智能等新技术赋能传统产业，驱动传统产业数字化转型。目前，超过 4 万家企业实现"上云上平台"。此外，福建成立了福建数字经济产业研究院，定位为城市数据智能产业运营服务商，通过建设产业联合创新中心（闽江生态文明创新中心）、与地方政府联合设立未来城市实验室、运营物联网和智慧城市服务及管理应用开发平台等方式，吸引高精尖人才。[①]

（3）福建率先在全国先行先试，大胆探索政府服务信息化发展，畅通信息"高速路"、优质数字政府服务，为山海协作奠定良好基础。例如，福建互联网普及率居全国第 4 位，电子政府服务实现全覆盖，且率先开通省级政务信息共享

---

①　http://kjt.fujian.gov.cn/xxgk/gzdt/mtjj/202105/t20210519_5597885.htm.

平台、整合各部门数据资源构建省市两级政务数据共享体系等，促使政务数据共享服务水平显著提升，全省97%以上行政审批事项实现网上办理，超过90%的事项实现"一趟不用跑""最多跑一趟"。2019年，福建数字政府服务指数居全国首位。此外，智慧社会便民服务水平不断提升，远程医疗覆盖福建全省公立医院和83%的基层医疗卫生机构，智慧交通一卡支付互联互通，有助于进一步实现山海协作。

专栏二

2000年10月12日，时任福建省省长习近平在数字福建项目建议书上批示，着眼于抢占信息化战略制高点、增创福建发展新优势，高瞻远瞩地作出建设数字福建的战略决策。为高起点建设国家数字经济创新发展试验区，福建印发了《福建省新型基础设施建设三年行动计划（2020—2022年）》，提出依托数字福建（长乐、安溪）产业园优先布局大型和超大型数据中心，打造闽东北、闽西南协同发展区数据汇聚节点。同时，该行动计划要求到2022年，全省在用数据中心的机架总规模达10万架，形成"1+10"政务云平台服务体系。目前，数字福建云计算中心已实现3000万亿次/秒浮点计算能力，吸引互联网骨干直联点、医疗健康、国土资源、智慧交通、安全生产五个国家级项目落地，建成了电子口岸、优教共享、应急指挥、生态大数据等数十个省级示范项目。积极推进政府数据共享，目前，省级政务云平台已汇聚了2400多项共计69亿多条数据记录。福建已成为电子政务综合改革、电子证照、公共信息资源开放、政务信息系统整合、健康医疗大数据等全国试点省份，以及国家数字经济创新发展试验区。

资料来源：打造"数字中国"样板工程 ［EB/OL］．http：//fgw. fujian. gov. cn/ztzl/szfjzt/xxhjsyy_35778/202010/t20201012_5411019. htm；习近平：从"数字福建"到"数字中国"［EB/OL］．https：//baijiahao. baidu. com/s? id=1680300080705541783&wfr=spider& for=pc.

三、福建省山海科技协同创新发展面临问题

尽管福建省山海科技协同创新取得显著成效，但仍面临区域创新增长极辐射带动作用不强、山海协作创新对接能力不高、支撑山海协作创新发展动力不足等问题。

1. 创新增长极对山海协作引领作用有待进一步发挥

作为福建的创新增长极，自主创新示范区明显带动了创新资源集聚发展，成为福建创新发展的主引擎，但目前国家自主创新示范区的外溢效应及支撑带动作用更多集中在福州、厦门、泉州等地，对区域外其他地区创新辐射作用仍需进一步提升，尤其是对山海协作创新的支撑不足。目前，福建有四个国家创新型城市，从具体创新类型看，福州为创新增长极类、厦门为创新策源地类、泉州和龙岩为创新集聚区类，这四个城市的创新资源占全省2/3以上。具体地，2019年，全省约87%的高新技术企业、83%的新型研发机构、78%的科技小巨人企业、76.9%的R&D人员折合全时当量集聚于福厦泉龙地区。当然，尽管福建自主创新示范区集聚了一定的创新资源，但"高精尖"科技创新资源仍较短缺，企业技术创新能力仍需提升。当前，福建技术流出明显，本地转化率仍有待提升。统计数据显示，2019年，福建外流的技术合同额为91.78亿元，技术外流比例高达62.89%，而技术本地转化比例约为37.11%。分地区看，福建登记技术合同主要集中在厦门和福州两地，城市间技术合同成交情况差距明显，2019年，厦门、福州两地登记技术合同成交金额占全省的97.74%，其中厦门约占全省的63%，其余城市占比不足2.5%。

2. 山海协作创新对接能力不高

目前，山海共建园区是常见的一种山海合作模式，但在这种合作模式中，山区合作意向较强，而沿海合作方主观动力不足，合作意向更多倾向于对口帮扶方面，协作的广度和深度不够。由于山区产业园区基础配套不完善，企业物流成本、运营成本等较高，承接沿海地区科技创新转移转化的支撑能力不足，致使山

海协作创新成果转化落地困难。特别地，企业作为区域创新较为活跃的主体之一，其到山区发展的意愿不强，更多倾向于选择在沿海地区发展。尽管有些企业选择在山区设厂，将其作为生产基地，将企业总部及研发中心等保留在沿海地区，但选择这种发展模式的企业数量仍较为有限。总体上，福建地区间创新及产业发展存在差距，尤其是山区与沿海地区之间存在差距，如多数山区产业基础薄弱、技术人才短缺，在资源禀赋、创新配套等方面与沿海地区差距显著，这严重制约了山海地区间产业及创新成果转化对接，山海协作更多局限在基础合作和对口帮扶等方面，缺少深层次合作。

3. 山海协作创新模式有待进一步探索

山区与沿海地区的信息交流与协作平台建设不能满足当前山海协作创新的实际需求，区域主体间缺少供需信息对接渠道，区域及主体间不能及时捕捉创新市场变化，严重制约跨区域主体间协作对接工作效率。山海协作平台对福建创新增长极与产业转化基地之间协调对接的支撑能力不足，具有示范带动效应的协同创新平台欠缺，城市之间协同创新分工合作关系需要进一步统筹协调。另外，目前对山海协作创新平台的支持力度不够，协作平台投资引导基金及风险资本筹集机制不完善，不能更好地发挥现有平台支撑山海协作创新发展的作用。总体上，当前山海协作创新发展后劲不足，山区更多依靠协同创新平台引进沿海地区创新成果进行转化，但受山区承接转化能力、创新协作匹配能力、科技资源衔接与供需等影响，转化成果普遍技术含量低、附加值低，处于创新链、产业链的低端。此外，招商引资是山海协作区面临的亟待解决的困难，严重影响了山海协作创新发展，山区优势资源、配套服务、税收优惠等对企业尤其是高技术企业吸引力不足，位于山区的山海共建产业园、"飞地园区"需要进一步探索山海协作新型孵化模式，更高站位、更大力度推动山海协作发展。

4. 支撑山海协作创新发展动力不足

尽管福建山海科技协同创新取得一定成效，但支撑山海协作的创新动力不足。从全国发展水平看，福建基础研究投入不足，研发创新活力需进一步强化，高技术产业整体规模亟须壮大，区域整体创新水平有待提升。从区域创新发展水平看，2019年，福建R&D经费投入强度为1.78%，较全国平均水平低0.45个百分点，其中，基础研究经费占全省R&D经费比重仅为4.79%，较全国平均水平低 1.24 个百分点；发明专利申请数、授权数分别为 30019 件、8963 件，分别约为全国的 2.41%、2.48%；技术市场成交额仅为全国的 0.38%，较 2012 年降低 0.4 个百分点；专利所有权转让及许可数、形成国家或行业标准数均仅为全国的 1% 左右。从企业创新发展水平看，规模以上工业企业有效发明专利数为 3.47 万件，约为全国的 2.85%；规模以上工业企业新产品销售收入为 5789.31 亿元，约为全国的 2.73%；高技术企业数为 1184 个，约为全国的 3.30%；科技企业在统孵化器数量、在孵企业数分别约占全国的 2.59%、1.61%。

5. 支持山海科技协同创新的服务型人才不足

科技人才短缺严重制约区域高质量发展，也是影响山海科技协同的关键因素，当前福建科技创新人才尤其是山海科技协同创新服务型人才短缺，科技中介服务产业发展基础较弱，对跨区域协作创新的人才支撑能力不强。统计数据显示，2019 年，福建 R&D 人员全时当量为 5464 人年，占全国的比重为 1.29%，其中，研究人员全时当量仅占全国的 1.18%；科技企业在孵企业从业人员为 4.76 万人，仅占全国的 1.61%；科学研究和技术服务业从业人员①仅占全省城镇非私营单位从业人员的 1.23%；技术服务、技术咨询合同金额分别为 66.41 亿元、0.34 亿元，不足全国的 1%，分别占全国的 0.53%、0.05%。此外，干部互派、科技特派员等是当期福建山海协作进程中主要采用的人才互动模式，但山海两地高端人才全面协作仍存在短板，区域尤其是山区普遍存在引才难、留才更难的困境，人才可能会优先选择沿海地区，因此，有待进一步探索"人才飞地"协作模式。

四、福建省山海科技协同创新发展政策建议

针对当前福建省山海科技协同创新发展中的主要问题，可以在山海科技协同创新体制机制、创新平台建设、创新产业集群培育、创新资源要素优化配置、实用型专业技能人才培养等方面发力。

---

① 城镇非私营单位中科学研究和技术服务业从业人员。

1. 完善山海科技协同创新体制机制

当前，山海地区间创新差距是一种普遍存在的现象，如果能协调好这一问题，可以为地区间协同创新、技术有序转移转化提供条件，避免地区之间的恶性竞争，加强城市间的技术合作。一是加强顶层设计，完善山海政府协作创新发展，构建山海双方高层联席会议制度，联合研究和协调推进山海协作创新工作，优化山海协作项目审批、监管及流程再造，加速协作项目实现全面在线监管，为山海协作项目提供全方位、全流程"保姆式"服务。二是建立常态化山海科技协作联系机制及跨区域科技中介协同机制，利用沿海地区科技创新要素以及山区特色产业发展资源，促进跨区域资源要素有序流动，推动山海两地创新链、产业链融合发展，带动山海之间科技协同在深度和广度上延伸。三是加强山海两地干部交流，探索构建灵活的山海科技人才挂职交流机制，组织高等院校、科研院所等科技人才与企业研发人员及创新主要负责人交互活动，促进创新供给双方信息有效对接。

2. 鼓励和支持山海科技协同创新平台建设

聚焦战略协作、科技项目协作、业务协作等，搭建山海协作产业园创新体系及跨区域产学研协同创新服务平台，整合区域创新资源，全领域共建协作创新高地，持续深化山海科技协同创新模式，推进山海两地共享科技成果信息资源。联合引进培育一批高端制造业企业及国家重点科技创新平台、工业互联网平台等，积极推进山海协作产业智能化，利用山海科技协作创新平台，引导和支持企业与科研院所开展产学研合作，鼓励和支持区域建立产学研联盟，推动研发资金向创新联盟倾斜，促进跨区域产学研协同创新平台发展，增强科研院所成果转化、企业创新能力提升，打造跨区域科创飞地。构建一个互动的、利益共享的创新共享平台，建立山海技术创新转移服务平台共建共享机制，将山海两地创新资源要素与成果转化连接起来，形成区域创新合力。

3. 加大力度培育山海科技协同创新产业集群

立足福州、厦门、泉州等地创新资源集聚优势，打造研发创新集聚区，使之更好地发挥区域创新之核的作用，为福建区域内企业尤其是山区企业提供技术创新服务。依托山海协作产业园、互设"飞地"产业园等共建产业园区，搭建山海协作创新链、产业链融合发展平台，促进沿海地区创新成果在共建产业园区转移转化。围绕区域性、行业性技术需求，加强山海协作示范区建设，支撑战略性新兴产业培育，加速产业集聚发展。强化山区产业基础配套水平，做好山区产业承接及创新成果转化基地建设工作，夯实山区产业发展基石，助推区域协同高质量发展。紧抓山海协作项目，设立山海协作区招商项目库、企业创新需求项目库，优化企业创新帮扶，加强山海科技协同创新产业集群，为山海协作区高端创新要素引进、集聚提供载体，为两地产业转移扩张提供空间支撑。

4. 促进山海科技协同创新资源要素优化配置

加速改革，发挥创新市场配置资源要素的决定性作用，打通山海科技协同创新要素流动壁垒，畅通区域创新要素有序流动。针对区域创新发展不平衡不充分等问题，通过山海协作平台引导区域科技创新要素有序流动，发挥地区间要素禀赋优势，实现地区间协同联动发展。依托创新联盟、产业联盟及协同创新平台，制定创新链、产业链融合发展路线图，充分发挥高新区资源和研发平台作用，进一步积极推动创新资源高效配置。同时，依据山区产业链、创新链发展的实际，推进适合其发展的技术、人才、信息等要素向山区转移，搭建山海协作创新平台、创新成果承接转化平台、人才集聚平台等，推进地区间不同创新资源及信息共享共用，进而推动山海协作从对口帮扶、传统产业转移等向创新成果转化落地转变。通过差别化税收机制、产业用地机制、科技人才引进培养等，对山海协作创新产业园区及相关重点科技项目公关、重大创新空间载体建设等方面给予优先支持。

5. 加强山海科技协同创新的实用型专业技能人才培养

加强技能人才培养工作，加大对新兴产业技能人才培养培训力度，制订山海协作所需的技能人才培训计划，借助创新集聚区的"双创"平台，定向培养山区所需的技能型人才，并探索灵活的用人模式，如工作生活在沿海创新集聚区、服务于山区的"人才飞地"模式。强化人才团队建设，组建多领域、多层次科技人才团队，发挥以首席科学家为引领、青年科研人员为主体的作用。立足当前数字经济、战略性新兴产业等高技术产业发展，发挥代际传承的高端人才集群效应，加快培育一批以青年为主的实用型专业技能人才，壮大青年人才队伍，为山海协作输送源源不断的生力军。加强产学研合作、人才互动交流等也是人才培养的形式之一，注重地区间交互活动的作用，为地区技能人才培养提供交流平台。加强科技服务人才尤其是科技中介人才培养，通过科技中介人才将山海两地协作创新连接起来，加速创新互动及成果转化。

第七章　对外开放协同发展

本章首先分析了福建省对外开放协同发展的现状，近年来，福建省进出口贸易规模日益壮大，对外贸易方式趋于多元化，外贸经营主体逐渐增多，进出口商品结构不断优化，外资利用水平稳中有进，闽台合作明显增多，对外投资稳中有升，国际市场布局趋于合理；其次从政策优势等不同维度总结了福建省推动对外开放的典型经验，归纳了对外开放协同中存在的主要问题，包括适应高水平对外开放协同发展的体制机制不完善、开放型新动能尚待培育、发展不平衡、营商环境仍有改进空间、外商投资实际吸收利用能力偏弱等；最后针对相关问题提出了促进福建省对外开放协同发展的政策建议。

一、福建省对外开放协同发展现状

1. 进出口贸易规模日益壮大

近年来，福建省作为外贸大省，进出口贸易规模稳步增长。"十三五"时期，福建省积极推动稳外贸、稳外资，主动应对中美经贸摩擦，货物进出口贸易总额由 2016 年的 1568.26 亿美元增至 2020 年的 2026.65 亿美元（见图 7-1），年均增长率达 3.9%，年均复合增长率为 3.7%。其中，出口总额、进口总额分别由 1036.78 亿美元、531.48 亿美元提升至 1224.05 亿美元、802.61 亿美元，年均增速分别为 1.8%、10.1%。由此可见，进口在福建省进出口贸易中的份额日益增大，增长相对较快。2020 年，新冠肺炎疫情暴发，国内外经济下行压力加大，国际贸易投资争端不断，福建省展现出强大的发展韧性，全年进出口增长接近5%，创历史新高，同比增速高于全国平均水平。根据国家统计局数据，2020 年福建省货物进出口总额居全国第 7 位，仅次于广东省、江苏省、上海市、浙江省、北京市、山东省。从进出口贸易差额变动看，福建省对外贸易发展趋于平衡。"十三五"期间，福建省货物进出口贸易差额呈现缩小态势，由 565.14 亿美元缩至 421.44 亿美元，这同时也折射出该阶段出口市场受国际贸易风险影响较大，出口增长相对乏力，国际需求不足，而省内对外产品需求旺盛。

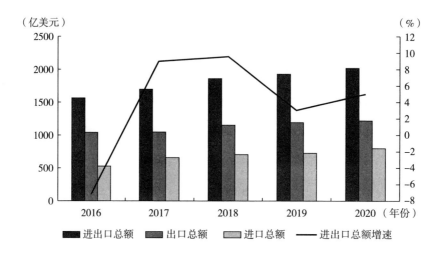

图 7-1 "十三五"时期福建省对外贸易增长状况

资料来源：历年《福建省国民经济和社会发展统计公报》《福建统计年鉴》。

从省内各市的外贸情况看，随着我国整体开启新一轮高水平对外开放，福建省各城市之间形成你追我赶的趋势，呈现更加开放、更趋多元、更趋协调的新发展格局。面对复杂多变的经济形势，作为典型的外向型经济城市，厦门继续保持龙头地位，外贸形势稳中向好。2020 年福建省进出口贸易总额排前三位的城市依次为厦门、福州、泉州，分别为 1002.63 亿美元、363.14 亿美元、285.72 亿美元（见表 7-1），三个城市的进出口贸易总额占全省的 81.2%，但该比重相比2016 年有所下降，这表明其他城市的对外开放水平在相对提升，区域间对外开放发展程度趋于协调。从增速看,"十三五"时期,年均增速排前三位的城市或地区依次为平潭综合实验区、莆田、宁德,分别达 46.8%、15.8%、12.0%。

表 7-1 "十三五"时期福建各城市或地区进出口总额 单位:亿美元

城市(地区) 年份	2016	2017	2018	2019	2020
福州市	320.92	344.29	373.35	367.41	363.14
厦门市	771.39	858.14	910.82	930.24	1002.63
莆田市	45.35	54.16	56.42	56.96	91.05
三明市	21.67	22.84	26.58	26.78	16.73
泉州市	232.65	231.61	281.26	306.16	285.72
漳州市	87.90	93.70	105.16	105.30	117.07
南平市	12.60	14.45	16.97	17.68	18.17
龙岩市	37.20	38.16	42.79	43.96	48.44
宁德市	38.52	45.30	53.47	61.85	72.85
平潭综合实验区	4.43	7.69	8.94	14.52	19.04

资料来源:历年《福建统计年鉴》、福建海关总署网站。

发展服务贸易是福建省转变贸易增长方式、提升国际竞争力的重要抓手。近年来,福建省服务贸易快速发展,如表 7-2 所示,2020 年全省接包合同签约额与接包合同执行额分别为 113.56 亿美元与 67.15 亿美元,其中,接包合同执行额同比增长 12.0%;新增企业 198 家,新增认证数量 193 个,其中,新增十三项国际认证数量 112 个。另外,福建省服务外包主要集中在福州、厦门两个城市。

表 7-2 2020 年福建省服务外包状况

	新增企业(家)	新增从业(人)	接包合同签约(亿美元)	接包合同执行(亿美元)	新增认证(个)	新增十三项国际认证(个)
全部	198	51944	113.56	67.15	193	112
福州市	90	14510	35.15	18.72	80	48
厦门市	106	37244	76.71	47.54	113	64

续表

	新增企业（家）	新增从业（人）	接包合同签约（亿美元）	接包合同执行（亿美元）	新增认证（个）	新增十三项国际认证（个）
泉州市	1	188	0.43	0.00	0	0
平潭综合实验区	1	2	1.26	0.89	0	——

资料来源：福建省商务厅网站。

2. 对外贸易方式趋于多元化

近年来，福建省对外贸易方式呈现多元化趋势。根据统计数据，从出口结构看，2016~2019 年福建省一般贸易额由 763.19 亿美元增至 860.58 亿美元（见表7-3），但其占出口总额的比重由 73.6%降至 71.6%，下降了 2 个百分点，但仍是全省出口的主体；加工贸易额由 2015 年的 255.67 亿美元降至 2019 年的208.45 亿美元，占比由 21.6%下降至 17.3%。保税监管场所进出境货物、海关特殊监管区域物流货物出口规模增长相对较快，2016~2019 年分别由 24.55 亿美元、24.61 亿美元增至 39.21 亿美元、63.49 亿美元，分别增长 0.6 倍、1.58 倍，两者占总出口额的比重不断提升，分别由 2.4%、2.4%提升至 3.3%、5.3%，分别提升了 0.9 个、2.9 个百分点。这表明，福建省整体出口贸易方式不断优化。与此同时，从进口结构看，其与出口结构情况存在较大差异，2015~2019 年福建省进口中的一般贸易额由 371.70 亿美元增至 547.90 亿美元，但其占进口总额的比重由 66.2%增至 75.2%，提升了 9 个百分点，同样也是全省进口的主体；加工贸易额由 136.70 亿美元降至 107.91 亿美元，占比由 21.4%下降至 14.8%。保税监管场所进出境货物进口规模增长相对较快，2016~2019 年由 29.20 亿美元增至44.61 亿美元，增长 0.5 倍，其占总进口额的比重不断提升，由 5.0%提升至6.1%，提升 1.1 个百分点；外商投资企业作为投资进口的设备和物品、海关特殊监管区域物流货物、海关特殊监管区域进口设备进口额趋势基本保持稳定，2019 年分别为 1.72 亿美元、18.50 亿美元、1059 万美元。总体上，福建省进出口贸易仍以一般贸易为主，其比重远大于其他贸易方式，保税区仓库进出境贸易的比重依然偏低。

表7-3　2016~2019年福建省主要贸易方式　　　　　单位：万美元

年份 主要贸易方式	2015	2016	2017	2018	2019
出口总额	11268011	10367250	10493177	11568536	12018318
#一般贸易	8233216	7631933	7573260	8376936	8605826
来料加工贸易	269224	275437	285243	287478	189844
进料加工贸易	2287439	1959513	2113954	2223467	1894705
保税监管场所进出境货物	198149	245468	233570	283310	392050
海关特殊监管区域物流货物	272749	246067	275300	382926	634941
进口总额	5616582	5314689	6610305	7189027	7290309
#一般贸易	3717038	3663891	4787320	5189502	5478970
来料加工装配贸易	277058	254026	226794	271253	153031
进料加工贸易	1089848	882872	922324	976045	926068
来料加工装配进口的设备	87	168	37	45	42
外商投资企业作为投资进口的设备、物品	19444	13727	18402	8174	17188
保税监管场所进出境货物	279541	291972	321973	351619	446145
海关特殊监管区域物流货物	199179	174008	292784	338591	185021
海关特殊监管区域进口设备	1518	1627	367	338	1059

资料来源：历年《福建统计年鉴》。

3. 外贸经营主体逐渐增多

近年来，福建省外贸经营主体发展较快，结构不断优化。2004年7月，商务部发布了新的《中华人民共和国对外贸易法》，规定对外贸经营主体实行备案登记制，对各类企业统一外贸准入标准，使各类企业平等享有自主经营和竞争的权利；按照权利与义务统一的原则，加快培育一批专业化、服务型的外贸经营主体；完善外贸经营资格年检制度，进一步规范外贸企业行为。该法案出台后，福建省的外贸经营主体规模不断发展壮大。2015年，福建省在全国率先开展报关企业注册登记改革，在福州自贸区和平潭综合实验区取消报关企业注册登记许可，进一步优化营商环境。截至2021年5月，福州关区报关企业已达164家。在一系列政策的推动下，福建省民营企业外贸发展势头良好，已成为最具活力的进出口经营主体，对全省外贸稳定发展的贡献较为突出。2016~2019年，福建省私营企业进出口总额由 752.88 亿美元增至 928.87 亿美元，占进出口总额的比重稳定在 45%以上；2019 年，外商投资企业、国有企业进出口总额分别占进出口总额的 32.1%、18.9%。从出口结构看，私营企业是最大的贡献来源，2019 年其出口占出口总额的比重为 59.8%，且保持稳定，其次为外商投资企业，占比为29.8%；国有企业出口占比相对较小，仅为 9.7%左右，但近年来增速较快，2016~2019 年增长 0.53 倍。从进口结构看，外商投资企业是进口的主力军，2019 年其进口占进口总额的比重为 36.0%，但该比重相对于 2016 年的 47.3%呈现明显的下降趋势；国有企业在进口中的贡献越发凸显，由 139.28 亿美元增至248.25 亿美元，其占进口总额的比重由 26.2%增至 34.1%，提升了 7.9 个百分点；私营企业在进口中的贡献略有下降，由 163.79 亿美元增至 210.64 亿美元，其占进口总额的比重由 30.8%降至 28.9%，下降 1.9 个百分点（见表 7-4）。

表 7-4　按企业性质分进出口商品贸易额　　　　单位：亿美元

类别 \ 年份	2016	2017	2018	2019
进出口总额	1568.19	1710.35	1875.76	1930.86
出口总额	1036.73	1049.32	1156.85	1201.83
#国有企业	76.01	73.58	97.32	117.10
集体企业	8.38	6.18	6.78	5.45
私营企业	589.09	586.21	650.67	718.23
外商投资企业	363.24	383.33	402.05	357.64
进口总额	531.47	661.03	718.90	729.03
#国有企业	139.28	196.34	228.56	248.25
集体企业	1.94	2.33	3.31	3.52
私营企业	163.79	200.56	208.72	210.64
外商投资企业	226.44	261.66	278.16	262.65

资料来源：历年《福建统计年鉴》。

4. 进出口商品结构不断优化

"十三五"时期，福建省主要商品出口呈上升趋势，以工业制品为主。2016~2019 年，福建省工业制品进出口总额由 1246.74 亿美元增至 1422.47 亿美元，增长接近 4%，占进出口总额的比重呈下降趋势，由 81.1% 降至 73.7%；与之相对，初级产品进出口贸易额增长较快，占比有所上升。具体地，从出口看，2016~2019 年初级产品与工业制品出口额基本保持相对稳定，其中，初级产品出口额由 95.98 亿美元增至 99.24 亿美元，工业制品出口额由 940.74 亿美元增至 1102.59 亿美元。从进口看，初级产品是进口增长的重要贡献来源，由 225.47 亿美元增至 409.09 亿美元，增长 81.4%，年均增长 16.6%，2019 年占进口总额的比重为 56.1%；而工业制品呈现先升后降的趋势，整个"十三五"时期占进口总额的比重呈明显下降趋势，2019 年为 43.9%，较 2016 年下降了 13.7 个百分点（见表 7-5）。

表 7-5　福建省进出口商品结构　　　　　　　　单位：亿美元

类别 ＼ 年份	2016	2017	2018	2019
进出口总额	1568.19	1710.35	1875.76	1930.86
出口商品总额	1036.73	1049.32	1156.85	1201.83
初级产品	95.98	95.93	108.78	99.24
工业制品	940.74	953.39	1048.08	1102.59
进口商品总额	531.47	661.03	718.90	729.03
初级产品	225.47	306.96	334.38	409.09
工业制品	306.00	354.07	384.52	319.88
机电产品进出口	543.90	588.17	632.64	594.38
出口总额	361.22	381.93	423.08	437.36
进口总额	182.68	206.24	209.56	157.02
高新技术产品进出口	262.06	304.32	314.13	252.90
出口总额	124.85	147.67	155.85	142.10
进口总额	137.21	156.65	158.29	110.80

资料来源：历年《福建统计年鉴》。

具体地，从初级产品内部结构看，食品级活动物仍是出口的主体，占比为 87.7%，其中，鱼、甲壳及软体类动物及其制品与蔬菜及水果两项出口占初级产品出口的比重占绝对优势，分别达 55.5% 与 19.2%；非食用原料，矿物燃料、润滑油及有关原料等的比重仍然相对较低。从出口增速看，2019 年石油、石油产品及有关原料，动植物油、脂及蜡，金属矿砂及金属废料，生橡胶，软木及木材，咖啡、茶、可可、调味料及其制品，饮料等初级产品出口增长较快，同比增速均超过 20%。从进口看，非食用原料，矿物燃料、润滑油及有关原料对初级产品进口的贡献较大，占比分别为 55.2%、30.1%，其中金属矿砂及金属废料，石油、石油产品及有关原料分别占 33.7%、18.1%；而食品及活动物进口规模相对较小，占 12.5%。从进口增速看，活动物、动植物油、脂及蜡，金属矿砂及金属废料，鱼、甲壳及软体类动物及其制品，肉及肉制品等增长相对较快。

从工业制品看，传统优势产品出口继续保持较快增长，杂项制品、机械及运输设备、按原料分类的制品三项仍是工业制品出口的主力军。其中，杂项制品占工业制品出口总额的 45.9%，同比增长 6.3%，服装及衣着附件、鞋靴、未列名杂项制品三项占比最大，分别为 12.3%、10.6%、9.7%，且保持稳健的增长态势，分别同比增长 4.6%、8.6%、14.3%。2019 年工业制品中出口增长较快的有金工机械，非初级形状的塑料，活动房屋、卫生、水道、供热及照明装置，纸浆、纸及纸板制品，初级形状的塑料，特种工业专用机械，皮革、皮革制品及已鞣毛皮，金属制品等，表明福建省出口正向技术密集型和劳动密集型产品转变。从进口看，2019 年福建省工业制品进口仍以机械及运输设备、按原料分类的制成品、化学成品及有关产品为主，三大类产品进口额占工业制品进口总额的比重为 79.1%，其中机械及运输设备为第一大进口来源，占比超过 38%。具体看，初级形状的塑料，专业、科学及控制用仪器和装置，有机化学品，钢铁，有色金属，办公用机械及自动数据处理设备等对工业制品进口的贡献相对较大，2019 年进口增长相对较快的产品包括精油、香料及盥洗、光洁制品，活动房屋、卫生、水道、供热及照明装置，服装及衣着附件，未列名杂项制品，医药品，软木及木制品（家具除外），旅行用品、手提包及类似品，有色金属，非金属矿物制品，染料、鞣料及着色料，增速均超过 10%。受复杂的国际形势影响，机械及运输设备进口降幅较为明显，其中特种工业专用机械跌幅超过 48%。

5. 外资利用水平稳中有进

近年来，福建省引进吸收利用外资稳中有进。2019 年全省外商投资合同数量为 2391 项，较 2016 年增加 36 项。其中，2019 年合资企业、合作企业、独资企业外商直接投资合同数分别为 819 项、5 项、1552 项（见表 7-6）。由此可见，独资企业仍是福建省外商直接投资的主体。分行业看，如表 7-7 所示，外商直接投资主要集中在服务业领域，2019 年其他服务业、批发和零售贸易餐饮业、交通运输仓储及邮电通信业外商直接投资合同数分别为 1253 项、745 项、29 项，三者占比为 84.8%。

表 7-6　外商直接投资合同数和合同金额

年份	合同数（项）	合资企业（项）	合作企业（项）	独资企业（项）	合同外资金额（亿美元）	合资企业（亿美元）	合作企业（亿美元）	独资企业（亿美元）
2016	2355	587	3	1759	156.63	51.24	0.11	101.57
2017	2041	628	1	1405	148.79	46.20	0.27	100.63
2018	2419	867	2	1536	159.18	39.14	0.14	118.02
2019	2391	819	5	1552	160.54	46.42	0.02	106.55

资料来源：历年《福建统计年鉴》。

表 7-7　按行业分外商直接投资合同数　　　　　　　　　单位：项

年份	总计	农业	工业	建筑业	交通运输仓储及邮电通信业	批发和零售贸易餐饮业	其他服务业
2016	2355	80	229	27	17	934	1068
2017	2041	57	212	33	21	631	1087
2018	2419	107	276	28	26	737	1245
2019	2391	71	276	17	29	745	1253

资料来源：历年《福建统计年鉴》。

从外资合同金额看，2019 年福建省新增外资合同金额为 160.54 亿美元，较 2016 年增长 2.5%（见表 7-8）。其中，合资企业、合作企业、独资企业外商直接投资额分别为 46.42 亿美元、0.02 亿美元、106.55 亿美元。独资企业外商直接投资额占外商直接投资总额的比重为 66.4%。根据福建省商务厅的数据，2019 年，福建省利用外资具有三个特点：一是大项目增长较快，全省亿元以上项目为 85 项，合计金额接近 200 亿元。二是利用外资的质量有所提升。服务业利用外资的水平不断提升，2016~2019 年由 107.54 亿美元增至 126.83 亿美元，占外商直接投资合同金额的比重由 68.7% 提升至 79.0%。石油化工与机械装备业的外商直接投资额也实现了较大幅度的增长。三是投资主体来源地多元化。福建省的投资主体仍以中国香港和中国台湾为主，两者之和占比为 84.3%；新加坡和马来西亚次之，分别占 4.1% 和 1.2%；菲律宾、法国等外商来闽投资呈上升趋势。

表 7-8　按行业分外商直接投资合同金额　　　　　单位：亿美元

年份	总计	农业	工业	建筑业	交通运输仓储及邮电通信业	批发和零售贸易餐饮业	其他服务业
2016	156.63	6.07	37.73	5.31	0.02	28.32	79.20
2017	148.79	2.56	39.74	9.92	1.87	10.26	84.43
2018	159.18	5.23	49.22	3.31	2.57	21.16	77.69
2019	160.54	2.23	31.00	0.48	1.75	34.86	90.22

资料来源：历年《福建统计年鉴》。

6. 闽台合作明显增多

近年来，福建省积极探索闽台合作发展新路径，全面落实同等待遇，闽台交流合作不断深化。福建省实际利用台资额不断增长，2019 年为 22.55 亿美元，入闽台胞超过 387 万人，在经贸合作、基础设施、行业标准等方面合作取得了显著成效。在经贸合作领域，面对新冠肺炎疫情冲击，闽台贸易仍实现正增长，2020 年同比增长 10.9%；2016~2019 年中国台湾的投资合同数保持基本稳定，2019 年为 1382 项，占比保持在 50% 以上，2020 年实际利用台资增长 77.3%。2020 年 3 月台湾国乔泉港石化项目加快推进，通过"云签约"落户泉港石化工业园区，新建的丙烷脱氢及聚丙烯项目是泉州近三年来最大的台资投资项目。福建省积极探索两岸金融政策先行先试，制定了《关于深化闽台金融交流合作的若干意见》，2020 年 2 月首家两岸合资全牌照证券公司——金园统一证券有限公司获批落地厦门自贸片区，对台金融合作迈入"快车道"。在科技领域，近年来闽台在科技领域的合作不断加大，2009 年福建新大陆电脑股份有限公司赴台投资以来，闽企在台共设立企业和机构超过 90 家，合作领域由电子信息业、机电设备制造业等技术密集型产业延伸到光电子、生物医药、软件、新能源以及特色农业等领域。不少电子、石化、机械等台资企业加快在闽集聚，日益成为福建省的支柱产业。在基础设施领域，近年来，福建省积极推动金门、马祖等地与福建沿海地区的交通互联，促进厦门—金马、福州—马祖等地率先融合发展。在行业标准方面，福建省推动两岸标准互通，建成首个两岸绿色能源产业标准化与认证信息服务平台，涉及 24 个行业，收录 2 万多项台湾标准，进一步为两岸行业标准互通相关研究提供了重要渠道。

7. 对外投资稳中有升，国际市场布局趋于合理

（1）全省对外投资稳步增长。根据福建省商务厅统计数据，2020 年福建省新备案项目 220 个，中方协议投资额 52.3 亿美元，同比增长 36.4%；实际对外投资规模居全国第 7 位。其中，大项目拉动作用较为明显，如新备案中方协议投资额在 1 亿美元以上的项目有 9 个，包括紫金矿业加拿大大陆黄金项目、宁德时代德国新能源科技项目等，投资额 39.9 亿美元。福建省跨境并购较为活跃，2020 年全省共有 30 起，中方协议投资额合计 16.2 亿美元，主要集中在制造业和信息技术服务业等领域。对外承包工程合同金额呈波动性上升态势，2020 年对外承包工程合同金额、劳务人员合同工资总额分别达 12.9 亿美元、8.6 亿美元。2021 年上半年，福建省派出各类劳务人员 2.1 万人，规模居全国首位。

（2）对外投资的区域分布日趋合理。目前，福建省对外投资主要集中在亚洲、北美洲和欧洲，超过 200 个项目，投资额 48.3 亿美元。对外承包工程的项目主要分布在 40 个国家和地区，集中在中国香港、孟加拉国、肯尼亚、埃塞俄比亚、乌克兰，占比达 52.8%。"一带一路"建设和合作更加深化，目前福建省与"一带一路"沿线国家和地区的合作项目达 86 个，中方协议投资额 19.5 亿美元，同比增长 45.9%。境外经贸园区建设不断加快，中柬工业园、春申印尼农业合作示范区等 9 个备案境外园区建设持续推进，8 个园区已入驻企业数量达 197 家。

二、福建省对外开放的典型经验

1. 充分利用政策优势，用好先试先行政策

福建省的对外开放一直走在全国前列。改革开放以来，我国在不同发展阶段

根据实际情况制定不同的发展目标、实施不同的发展政策，推动渐进式改革，从而取得经济发展的重大成就。这一宝贵经验也体现在福建省的发展进程中，其紧紧抓住中央在不同发展阶段赋予的政策优势和重大机遇，用好先试先行政策，特别是进入新发展阶段以来，政策优势进一步凸显。

一是设立中国（福建）自由贸易试验区。2014年12月，国务院正式批复设立中国（福建）自由贸易试验区，包括平潭、厦门、福州三个片区。其中，福州片区重点布局先进制造业，作为21世纪海上丝绸之路沿线国家交流合作的重要平台、两岸贸易与金融创新合作示范区；厦门片区作为东南国际航运中心、两岸新兴产业和现代服务业合作示范区；平潭片区建设国际旅游岛，推动投资贸易和资金人员往来便利化。设立自由贸易试验区，有助于优化福建省的营商环境，增强其发展的软实力，推动高质量发展。

二是创建福厦泉国家自主创新示范区。2016年，国务院正式批准福州、厦门、泉州成立国家自主创新示范区。其中，福州重点发展光电设备、集成电路以及大数据等；厦门片区重点发展微电子与集成电路、生物医药、软件与信息服务等；泉州主攻微波通信、存储器等。福厦泉国家自主创新示范区的创新集聚发展优势日益显现，已成为引领支撑福建省创新发展的重要引擎。根据《福厦泉国家自主创新示范区建设实施方案》的总体要求，福厦泉国家自主创新示范区将与中国（福建）自由贸易试验区形成叠加效应，推动构建具有福建特色的示范区，还有助于强化两岸协同创新，将成为与"海上丝绸之路"沿线国家和地区科技合作最紧密的地区。

三是建设首个国家生态文明试验区。生态文明建设是关系人民福祉、民族未来的大计。面对日益趋紧的资源环境约束，党的十八大以来，习近平总书记高度重视生态文明建设，曾在多个场合反复提及。党的十五届三中全会提出，生态文明建设实现新进步，将其作为"十四五"时期经济社会发展的主要目标之一。"十三五"期间，福建省生态文明建设走在全国前列，获批建设首个国家生态文明试验区，这与其重视生态文明体制创新是分不开的。2020年11月，国家发展改革委正式印发了《国家生态文明试验区改革举措和经验做法推广清单》，肯定了福建省在自然资源资产产权、国土空间开发保护、环境治理体系以及水资源水环境综合整治等领域的39项改革举措和经验，并向全国推广。同年，武夷山国家公园体制改革试点任务全面完成，形成"南平生态银行"等经验做法。2021年，福建省健全生态补偿机制，全面推进林长制。目前，福建省森林覆盖率达66.8%，连续40多年保持全国第一；主要河流水质比例、县级以上饮用水水源地水质达标率、城市空气达标天数明显高于全国平均水平。

2. 服务"一带一路"，加快"海上丝绸之路"核心区建设

自"一带一路"倡议提出以来，福建省充分发挥历史、区位、港口、人文等优势，主动加强与沿线国家经贸往来，加快建设"海上丝绸之路"核心区，制定了《福建省建设21世纪海上丝绸之路核心区实验方案》《关于构建开放型经济新体制的实施意见》《福建省21世纪海上丝绸之路核心区重点行动（2018-2020）》等一系列文件，不断为其对外开放营造更加广阔的发展空间。

一是围绕"一带一路"倡议，福建省积极投入和参与沿线国家的交通、能源等基础设施建设，规模化、集约化、现代化水平显著提升，同时还制定相关政策文件予以保障。从港口建设现状看，全省拥有沿海港口生产性泊位425个，其中包括186个万吨级以上泊位，具备停靠世界最大集装箱船、游轮的能力，港口实际货物吞吐能力较强，2009~2019年全省港口货物吞吐量由3亿吨增至5.95亿吨，增长近1倍。其中，厦门港集装箱吞吐量位列全球第14位。为了促进福建省港口形成分工合作、协调发展的格局，福建省政府印发《福建省沿海港口布局规划（2020-2035年）》，明确了沿海各港口的重点发展方向。

二是扩大境外对外直接投资，推动跨国兼并重组，将产能优势转化为对外开放新优势。根据福建省商务厅数据，2020年，福建省对"一带一路"沿线国家和地区中方协议投资额达19.5亿美元，主要分布在金属、塑料和纸制品加工、纺织、食品加工等传统领域；对沿线国家和地区的工程承包营业额达5.6亿美元，占全省对外承包工程营业额的43.7%。借助"海上丝绸之路"建设，福建省加快与沿线国家传统产业的合作，为发展总部经济、金融保险、服务外包等提供了新的发展机遇。

三是建立投资贸易平台，促进与相关国家和地区之间的项目对接和产业合作。大力发展跨境电商，推动福州、厦门、泉州、莆田获批国家电子商务示范城市，推动对外贸易发展。福建省学习借鉴进口博览会的成功经验，每年定期举办厦门国家投资贸易洽谈会（简称厦洽会）。面对2020年暴发的新冠肺炎疫情，厦

洽会开启"线下+云上"模式，提振投资信心，为全球投资合作提供新引擎。

3. 优化营商环境，提升服务效率

优化营商环境是党中央、国务院根据新发展要求做出的重大决策部署。福建省积极探索，深入推进"放管服"改革，深刻转变政府职能，企业的幸福感和获得感不断提高，优化营商环境取得明显成效。

在企业生命周期方面，一是缩短办理环节，如厦门将工程建设给水申报项目办理环节由5个压减为3个，用气报装环节压缩至3个；二是压缩申请时限，一般项目用水和小型项目申请接水时限分别不超过9个工作日和4个工作日，用气申请时限在10个工作日以内；三是简化报装材料，用水申请和用气申请材料均减至2份；四是引入"容缺受理"机制；五是提供个性化用水服务，如通过走访产业园区企业用户，定制"一点一方案"，提供专属服务；六是增加异常用水量提醒服务。

在通关和港口行政审批及服务方面，一是推进企业资质备案改革。2015年，福建省就率先尝试在福州自贸区片区和平潭综合实验区开展报关行业注册登记改革，取消报关企业注册登记许可，取消报关企业注册登记事项的行政审批。申报企业注册登记许可的时间大幅压缩，由原来的20个工作日答复优化为即办。截至2021年5月，福州关区报关企业达164家。二是优化资质备案流程，推行无纸化办理。企业只需提交一份电子版材料，就可实现一地申请、一次办理，同时实现了"国际贸易单一窗口""互联网+海关"等多渠道申请办理资质备案业务。三是实行注销一站式办理，通过与商务部门、市场监管部门等进行信息共享，便利企业通过"一网"平台就可实现一站式注销手续办理。2019年4月至2021年4月，福州海关共办结企业注销2882家，企业注销难、资质管理领域的堵点问题等得到有效缓解。

在通关服务方面，福建省也走在全国前列，推动"单一窗口"4.0版，充分应用大数据、人工智能和区块链等新一代信息技术，推动报关系统智能化，使用机器人精准匹配制单，订单直接生成报关单；接入码头作业数据，引入无车承运业务模式，为企业和货主提供车货匹配服务，实现港口信息共享。通过"单一窗口"通关服务，海关、海事、边检等多部门建立起信息互换机制，信息传递时间大幅压缩，企业人工报关准备环节由8个减至1个，报关准备时间由一天压缩至

5 分钟，申报准确率提升至 100%。利用区块链技术，建立区块链公共服务平台，构建"单一窗口"多方参与、多方互信、不可篡改的跨境贸易信息共享环境，解决贸易数据汇聚难度大的问题。通过"单一窗口"区块链公共服务平台，实现了国内段通关、物流、航运等数据信息上链，全程数据可追溯，跨境电商监管效率大幅提升。

在税务和金融领域，实现企业线上办理，推行无纸化操作。企业可在线开立税务电子备案表。实现"单一窗口"融资，通过"惠数通"平台，银行可获取企业经营数据，利用大数据模型就可测算企业的授信额度。这在一定程度上改变了以往中小企业因无法提供足够数据、缺少抵押而不被信任从而造成的融资难的现象。

4. 加强闽台合作，强化金融开放创新

近年来，闽台合作内容日益增多，合作范围不断扩大，从农业领域逐渐延伸到科技、旅游、金融、医疗、文创等其他领域。闽台农业合作源远流长，至今已形成了全方位、宽领域、多层次的合作格局。早在 2009 年 5 月，福建省就充分发挥两岸农业合作试验区作用，出台了《福建省促进闽台农业合作条例》，2011 年出台《福建省人民政府关于加快台湾农民创业园建设的若干意见》，鼓励台农在闽创业。党的十八大以来，福建省政府陆续出台《福建省人民政府关于进一步深化闽台农业合作的若干意见》《关于探索海峡两岸融合发展新路的实施意见》，为闽台农业要素资源对接创造了有利条件。截至目前，福建省累计批办台资农业项目 2804 个，合同利用台资达 42.3 亿美元，均为全国第一；拥有 6 个国家级台创园，占全国的 1/5，入驻 660 家台资企业，年产值超过 60 亿元。

在科技领域，福建省努力搭建对台科技园、创业园、示范基地等科技产业合作平台，闽台科技企业融合和人才集聚不断取得新成效。例如，厦门台湾科技企业育成中心是专门服务于台湾技术转移和人才创业的孵化基地，2017 年被工信部批准为"国家小型微型企业创新示范基地"，园区拥有国家 LED 应用产品质量监督检验中心，已引进如厦门大学分子诊断教育部工程研究中心等科研院所。另外，为了进一步推动闽台科学家开展科技合作，推动科技资源投入基础研究，2011 年福建省政府与国家自然科学基金委员会共同正式设立了促进海峡两岸科技合作联合基金，该基金涉及农业、新材料与制造、资源环境及电子信息等多个领域。

旅游合作也是建设两岸经济发展战略的重要组成部分。"十三五"时期，福建省旅游局出台《福建省"十三五"旅游业发展专项规划》，将"深化闽台旅游合作"作为促进旅游发展的重点任务。例如，自厦门与金门于 2005 年首次联合举办厦金旅游推介会以来，厦金旅游已成为重要的"名片"，备受省外游客关注。

金融合作是闽台近期合作领域中的重要特色。2015 年 12 月，中国人民银行发布《人民银行关于金融支持中国（福建）自由贸易试验区建设的指导意见》。2018 年，国务院先后印发《国务院关于进一步深化中国（福建）自由贸易试验区改革开放方案的通知》《国务院关于支持自由贸易试验区深化改革创新若干措施的通知》，进一步深化金融开放和监管创新，强化闽台金融合作。针对上述新政，福建自贸区围绕人民币跨境业务、金融服务等展开试验，金融开放创新服务框架日益完善。基于实际需求和审慎原则，福建自贸区内银行推出了反向风险参贷业务，境内中国工商银行联合中国工商银行境外机构办理出口订单融资业务，实现了银企双方互惠互利。对于企业而言，出口企业的融资渠道进一步拓宽，融资成本进一步降低；对于银行而言，风险参贷不占用银行信贷，经济资本占用低，手续办理简单、便捷，得到了国内其他多家银行的认可和推广。在外汇管理改革方面，针对福建自贸区，2019 年 7 月国家外汇管理局出台了 6 项外汇管理改革政策，在金融机构结售汇业务市场准入、退出等方面进行试点。这一制度进一步简化了外汇登记管理相关流程，极大提升了企业外汇相关业务的办事效率。金融服务开放程度进一步增强，在跨境融资租赁方面，2019 年 6 月，福建自贸区出台了促进跨境融资租赁业务创新发展的有关政策，发展了"区块链+跨境金融"模式，推出符合本土企业特色的多项跨境金融产业和服务。打造区域性股权市场运营机构，根据海峡股权交易中心网站数据，目前其展示企业总数为 6432 家，挂牌企业总数为 309 家，其中"台资板"企业总数为 1303 家。综上所述，一系列闽台金融合作的相关政策的出台，为进一步推进两岸金融交流合作提供了新契机。

5. 充分利用博览会平台作用

博览会在企业招商引资中的作用日益重要。福建省充分发挥博览会的平台作用，集合众多国内外企业对接采购，实现融合发展、共赢目标。例如，2020 年福建举办了第三届中国国际进口博览会招商路演，进一步展示了福建的政策优势和市场优势，对于增强进口贸易、发展高水平开放型经济具有重要的推动作用。

在"一带一路"建设方面，中国（泉州）海上丝绸之路国际品牌博览会已经成功举办六届，其中，前四届累计吸引近 120 个国家和地区的 1500 多家企业聚集泉州，观众人数超过 20 万人。通过该博览会，泉州与"一带一路"沿线国家和地区的合作日益频繁，2019 年出口"海上丝绸之路"沿线国家和地区的产品产值达 214.42 亿元。在东盟合作方面，迄今已经连续举办 17 届中国—东盟博览会（简称东博会）。2020 年 11 月召开的第 17 届东博会围绕自由贸易、信息港、技术转移以及产业合作等展开交流，推动中国—东盟共同体建设和经贸合作提质增效。在旅游领域，厦门与金门两地每年举办海峡旅游博览会及中国（厦门）国际休闲旅游博览会，已成为两岸旅游交流的最重要平台。综上所述，历届多项博览会签署的协议为福建省开拓新市场、增强品牌竞争力、推动经济高质量发展等提供了长效的机制保障。

6. 注重发挥闽商文化优势

闽商是海洋文化的践行者，同时也是丝绸之路的开创者。传统的闽商文化具有重商务实的生计传统、开拓进取的精神，靠山吃山、靠海吃海，每一种资源都得到精心开发和利用；懂得兼收并蓄、博采众长，由于资源相对匮乏，福建人开放和向外发展的意识较强，经过长期的文化交流，福建人把中原文明与当地的古文明较好地结合在一起，造就了自身兼容性和开放性较强的文化特征。新时代的闽商文化更加注重集团化运作、建立现代企业管理制度、重视人才、注重品牌塑造等。传统闽商以中小企业居多，新闽商更加重视产业集团模式运作，将企业做大做强，提升整体竞争力。

闽商文化的优势主要表现在：一是历史文化源远流长。早在唐宋时期，福建人的商业意识就开始萌发，顺着"海上丝绸之路"将商品销往世界各地。二是延伸性较强，闽文化以其独特的区位优势，地处欧亚大陆的东南区域，上连中原，下接台湾和东南亚，影响范围广。三是商业网络发达。闽商会在国内占据重要地位，福建同乡会在全球遍布各地，已成为闽商沟通交流的重要渠道。著名的世界闽商大会每三年举办一次，自 2004 年举办首届以来，已成为弘扬闽商精神、促进福建省高水平对外开放、推进福建高质量发展的重要平台。四是"爱拼才会赢"的拼搏精神名扬天下，积累了大量财富。目前在海外的福建人超过 1200 万人，分布在 160 多个国家和地区，在居住地建立起的社团为全球商品流通做出了贡献。五是乐善好施。闽商普遍信仰佛教，具有强烈的地缘观念，在事业有成之后乐于回报故乡。

三、福建省对外开放协同发展存在的主要问题

1. 适应高水平对外开放协同发展的体制机制不完善

更高水平开放型经济体制包括创新外商投资管理体制、建立促进"走出去"的新体制、构建开放安全的金融体系以及打造市场化、法制化、国际化、便利化的营商环境等。另外，还需要形成与国际经贸规则相衔接的基本规则和制度体系。目前，福建省在对标国际先进经贸投资规则方面已经出台了许多创新举措，迈出了坚实步伐，且一些领域走在全国前列。然而，发达国家依然掌控着国际经贸投资规则的制定权，在其强势推行新一轮贸易规则的过程中往往表现出一些特点，对体制机制创新的要求更加严格，导致福建省在体制机制创新方面呈现出滞后性。

服务贸易和数字贸易规则面临许多挑战。数字贸易在全球经济中扮演着越来越重要的角色，由于其监管方式及适用范围和领域存在较大差异，因此对各国的监管构成了挑战，例如对数字服务是否征税存在争议、数字贸易壁垒导致数字鸿沟、数字隐私与保护标准尚未达成共识。具体地，从数字贸易壁垒看，仍然存在不少障碍，如市场进入限制、数据及个人隐私保护、平台法律责任不清晰、数字贸易环境不健全。目前，福建省在这些方面仍未出台应对措施，仍处于探索阶段，这也为继续完善对外开放体制机制提供了方向。

2. 开放型新动能尚待培育

（1）经济发展的比较优势不足。相较于沿海其他发达省份，福建省市场化程度不高，工业基础比较薄弱，产业集聚能力偏弱，缺乏龙头企业，产业链存在短板，高端人才不足。从产业看，福建省将电子信息作为三大主导产业之一，但

该产业在江浙一带已形成完整的产业链、供应链，福建省面临较大的竞争压力。

（2）各城市间经济发展差异大，协同效应不强。2020年，泉州、福州、厦门 GDP 位居前三，分别为 10158 亿元、10020 亿元、6384 亿元，而超过一半的城市仍位于 2000 亿~3000 亿元，如南平、宁德分别为 2000 亿元、2630 亿元，与泉州的差距较大，这表明福建省内部各地区经济发展存在严重的不平衡现象，同时也从侧面反映出以泉州、福州、厦门为中心的城市尚未对周边地区的经济发展产生明显的正向带动作用。

（3）闽台贸易增长乏力。闽台贸易是促进两地经济发展的重要动力。2020年，闽台贸易额同比增长 10.9%。然而，从进出口贸易份额看，2016~2019 年闽台贸易占福建省对外贸易总额的比重呈下降趋势，由 6.3% 降至 5.6%，下降了0.7 个百分点。其中，2019 年对台出口额、对台进口额分别占出口总额、进口总额的 4.0%、8.3%。这说明台湾对福建的产品需求不足，两岸经贸关系存在失衡，发展动力不足。

（4）港口优势不明显。福建省拥有厦门、福州、泉州、漳州四大港口。历史上，泉州港曾以四湾十六港闻名于世，曾被誉为世界最大贸易港之一。然而，近年来，福建省港口基础设施建设相对缓慢，优势不突出。根据上海国际航运研究中心的数据，2020 年全球港口集装箱吞吐量排名中，厦门港居第 14 位，远低于国内的上海港、宁波舟山港、深圳港，仅为上海港的 1/4 左右。

3. 对外贸易发展不平衡

（1）"一带一路"合作国家少。从与福建省有贸易往来的国家看，其出口国家和地区主要是美国、菲律宾、日本、德国、英国等，例如 2019 年对美国的出口占总出口的比重为 18.2%，对"一带一路"国家出口占总出口的比重相对较小。这表明，福建省对外贸易存在结构性失衡，出口国家集中度过高可能导致福建省外贸受这些国家的经济波动影响较大，进而可能制约其自身的跨越式发展。

（2）劳动密集型产品比重大，高技术产品比重小。目前，福建省对外贸易中，工业制品已占据主要份额，但从具体结构看，出口仍主要依赖传统的产业模式，如服装、纺织品等劳动密集型产品仍占较大比重，产品附加值不高。从农产品出口看，以水海产品、水果、蔬菜以及茶叶为主，出口品种单一，具有明显的同质性，互补性不强。从高技术产品内部结构看，出口产品类别过于集中于计算机与通信技术和光电技术产品领域，其他类别的产品出口增长乏力，容易导致产品出口累积风险。从出口国别看，高技术产品出口中欧美比重较大，易受到各种贸易壁垒的影响，尤其是计算机与信息技术产品的出口成本加大。

（3）加工贸易地位不断下降，仍处于价值链低端。近年来，加工贸易占进出口总额的比重呈下降趋势，表明其在对外贸易中的地位不断下降。加工贸易增值率波动较大，表明福建省加工贸易在国际分工中的地位在降低，加工生产所用的设备主要依赖于国外进口，多数企业仍以简单加工为主，加工贸易的利润率不高。从产品看，加工贸易中的机电产品大多缺少自主知识产权，技术溢出效应弱，加工仍处于价值链的低端环节。

4. 营商环境与先进地区相比尚有差距

福建省营商环境在全国表现相对较好，办事流程有所缩短，办事时间有效减少，为建立良好的营商环境奠定了基础。然而，从相关政策上看，时效短、区域性的政策相对较多，时效长、普惠性的政策偏少，缺乏统一的营商环境评估机制。围绕优化营商环境，福建省已出台多项政策文件，如 2021 年出台的《全面提升"获得电力"服务水平持续优化用电营商环境行动方案》《福建省优化营商环境行动方案》，但其中规定的总体目标多为短期目标，而有关营商环境的不少指标是长期积累的结果，如创新体制机制、劳动力资源服务与保障等，对长期营商环境优化目标的规划和重视相对不足。

全省整体在审批事项上仍然偏多，办事流程复杂，部分事项办理时限长。例如，从建筑工程审批看，厦门是福建省的标杆城市，截至 2019 年已经取消 33 项审批服务事项、115 个审批前置条件，将原有的 32 个审批服务事项减至 11 个，由 47 个事项办理模式优化为 24 个。但相对而言，福建省的建筑工程许可审批仍然相对复杂、环节较多，存在耗费时间长、中介服务市场不完善等问题。2018 年，北京出台《北京市工程建设项目审批服务互联网办事规则》，明确将"多规合一"平台、施工图连审平台以及联合竣工验收平台统一放在网络平台办理。在线平台提供项目进度查询、政策公告、在线咨询等服务，相关的审批部门使用在线平台实现了统一接件、统一受理、统一反馈、统一送达。目前，北京将审批环节压减为 5 个，办理时间压缩至 20 天内，对项目备案、规划许可、伐移树木许可以及市政报装申请实现"一窗"受理、一次办结。另外，福建省纳税缴费时间仍然相对较长，2021 年出台的《福建省优化营商环境行动方案》将纳税缴费时间压缩至 110 小时以内，而北京、上海等地区于 2019 年就已将纳税时间压缩至 90 小时以内，福建省仍有一定的提升空间。

此外，福建省各城市之间的营商环境存在较大差异。厦门一枝独秀，在开办企业、劳动力市场监管、政府采购、获得用水用气、获得信贷、知识产权保护等方面已走在全国前列，但一些城市改革进程仍然滞后，电子化程度不高，各地区审批流程和审批时限仍有差异，缺乏省级层面的统筹协调。

5. 外商投资实际吸收利用能力较弱

（1）福建省外商投资在全国的比重持续下降。2012 年以来，外商投资在福建省经济增长中的动力作用不断下降，外商投资增速放缓。根据国家统计局数据，2012~2019 年福建省外商投资企业投资总额在全国的位次由第 8 位降至第 9 位，年均增长 10.2% 左右，低于全国平均水平，且占全国的比重不断降低，由 4.6% 降至 3.4%，下降了 1.2 个百分点。与沿海省份比较来看，福建省吸引外资的能力不如广东省、江苏省等。2020 年，广东省全年实际利用外商投资金额 1620.29 亿元，比上年增长 6.5%；其中，"一带一路"沿线国家和地区对广东直接投资金额 87.02 亿元，增长 6.3%。而福建省实际利用外商投资金额仅为 347.91 亿元，相当于广东省的 1/5 左右。

（2）利用外资的结构层次不高，产业带动能力不强。高质量的外资主要来源于大型跨国公司等世界 500 强企业，目前这些企业大多集中在北京、上海、广东、天津等地区，福建省占比相对较少。从自身的发展水平看，根据财富中文网发布的《2021 世界 500 强排行榜》，福州、厦门分别拥有 2 家、3 家世界 500 强企业，与北京、上海、深圳、杭州的差距十分明显。从投资来源看，中国港澳台地区的投资仍在福建省占据绝对比重，欧美等发达国家的占比相对较低，2019 年美国、英国、法国、日本外商合同金额的占比仅为 1.5% 左右。另外，外商投资项目分布较为分散，上下游产业关联度较低，对产业的带动作用不足。

6. 内部人文资源优势未充分挖掘，外部文化差异带来挑战

人文环境在对外开放领域的作用不容忽视，其是促进不同国家、民族相互交流的重要内容。从福建省自身人文环境看，南宋时期福建曾是红极一时的"东南全盛之邦"，进士人数居全国首位，著名的"八闽"自此形成。如今，福建的文

化极具多元性，各地的方言民俗、文化传统各异，个性十足，但内部的人文优势未充分挖掘，对高水平对外开放的支撑作用仍未有效发挥。例如，泉州作为千年古城，同时也是著名的侨乡、闽南人的精神文化高地，近年来打造出"晋江模式"等一系列成功模式，但其留给外地人的印象仍是民营商业发达，人文优势不突出。

另外，在共建"一带一路"背景下，各国都有自身的文化传统，巨大的文化差异容易带来摩擦，文化冲突的可能性广泛存在，主要表现在宗教信仰和价值观念的差异上。例如，在中西文化的差异方面，中国崇尚先人后己，集体利益为上，西方则比较注重个人主义，这些文化交织可能给"一带一路"建设带来潜在的挑战和困扰。

四、促进福建省对外开放协同发展的政策建议

1. 加强政府引导作用，持续完善对外协作体系

面对新形势、新挑战、新任务，加强顶层设计，完善有关政策；根据国际最新动向，研究出台促进对外贸易协同发展的行动计划，营造良好的促进对外协作发展的财政、税收、信贷等环境；结合本地发展实际，明确发展目标，做好政策保障；加强重点区域和领域的引导作用。

一是以建设高水平开放型经济体制为指导，吸收借鉴国际成熟市场经济制度的经验，持续完善对外贸易体制、外资管理体制、跨境金融监管体制，健全开放安全保障机制等。统筹推进各类平台建设，充分借助平台功能，稳步推进自贸区改革试点探索，积极复制推广制度创新成果。推进贸易自由化、便利化，放宽市场准入，实行更加宽松的出入境、运输政策。以国际通行规则为标杆，持续完善外商投资制度。健全外商投资准入前国民待遇加负面清单管理制度，压缩外资准入负面清单。在跨境服务贸易方面，建立健全跨境服务贸易负面清单管理制度。有序扩大服务业对外开放，进一步研究推进银行、证券、保险等金融领域开放，推动境内外资本市场互联互通。构筑适应高水平对外开放的风险防控体系，建立

全球供应链风险预警协调机制，加强对外资产负债监测。

二是以共建"一带一路"核心区、"海上丝绸之路"高质量发展为平台，推进政策、规则、标准联通，推动更高水平的通关一体化，继续拓展规则对接领域。聚焦关键通道，推进基础设施互联互通，有序推动重大合作项目建设，推动国际贸易规则制定。

三是充分利用博览会、行业协会等重要平台的带动作用，打造开放层次更高、辐射影响更大的开放高地。

四是针对跨境数字贸易领域，参考国家公认原则，探索制定个人信息立法框架，提升企业向政府报送数据的规范性；探索以"问责制"为核心的跨境数据流动监管机制；加快完善数据分级分类管理体制，加大先行先试的力度，积累发展和监管经验。

2. 培育新动能，提升全球生产网络价值链地位

（1）拓宽对外开放领域，积极发展服务贸易。持续推进金融服务贸易对外开放，依托福建自由贸易试验区，探索放宽银行、证券、保险等领域的外资准入限制；继续深化两岸金融业合作和融合，吸引更多台湾地区金融机构入闽；依托海峡股权交易中心，建立有效的转板机制，建立多层次资本市场。持续发展现代物流、商贸服务、文化服务等生产性服务业，向价值链高端延伸。重视发展服务外包，依托现有制造业，加快发展信息技术服务、云计算等高端生产性服务外包；引进一批知名的跨国公司在闽建立服务业基地，推动服务外包与金融、保险等融合。引导服务业在有条件的地区集聚，促进形成分工协作的特色产业集群。

（2）抓住新一轮技术革命的发展机遇，实施龙头引领行动，培育一批规模体量大、有较强产业带动作用的龙头企业，发展"专精特新"企业，注重上下游产业链协同。在培育龙头企业方面，着力做优做强现有龙头企业，制定招商引资项目库，制订计划分步引进新的龙头企业；支持龙头企业在做大做强的基础上延伸产品价值链，鼓励国际化拓展和开展技术、业务、品牌等并购重组；注重发挥龙头企业在提升产业集群优势方面的主引擎作用。在发展"专精特新"企业方面，支持"专精特新"中小企业主动对接龙头企业需求，建立良好的专业化协作配套体系；支持"专精特新"企业应用新技术、新工艺、新材料。强化产业链协同配套，以龙头企业为抓手，打造内循环，增强产业链上下游协同，促进

一批企业协作发展。

（3）拓宽闽台产业合作空间。深化闽台在高端装备制造、集成电路、新能源汽车以及生物医药等领域的交流与合作。支持台商投资当前福建省产业链存在的短板和薄弱环节，依托大项目促进中小企业集聚，不断完善产业链。推动闽台科技领域合作，鼓励闽台企业和科研院校之间开展技术研发和成果转化合作。

（4）完善综合交通网络建设。深化闽台交通融合发展，推进交通强国试点示范，持续推进闽台交通基础设施联通，加强对台开放口岸建设；加快金门、马祖通桥工程大陆侧建设；推动闽台海铁联运，实现两岸港口群融合发展。加快"一带一路"主通道建设，鼓励"一带一路"运输品牌建设，深化运输联盟合作。

3. 深挖与"一带一路"沿线国家和地区的贸易合作，优化进出口结构

以共建"一带一路"为重点，持续扩大重点领域对外开放，推动贸易与产业协调发展。大力发展先进制造业、战略性新兴产业，打造创新型先进制造体系；加快发展与制造业联动的高端服务外包；充分发挥服务业的支撑和引领作用。进一步推动与"一带一路"沿线国家的外贸合作，继续深耕发达国家市场，努力探索和拓展亚洲、非洲、南美洲等欠发达市场的合作空间，着力提升新兴市场在福建对外贸易中的比重。推动"海上丝绸之路"建设，扩大与沿线港口以及企业的运输服务合作，构筑陆海空天一体化的交通运输安全保障体系。

转变对外贸易发展方式，加强高技术创新投入，优化进出口产品结构。规范出口秩序，进一步推进纺织、服装等传统劳动密集型产品向高端化、集约化、精细化方向发展，提升出口产品质量，加快培育技术、品牌、质量等核心的竞争新优势。推进与重点出口市场认证、检测互认，严控质量关，搭建出口产品质量检测公共服务平台，推动产品质量数字化整合，提升智能化管理水平。重点培育计算机通信技术与光电技术产业，在此基础上推动贸易产品多样化，加强工业制品中占比低但技术含量和需求高的技术产品研发，提升产品性能。深化科技兴贸战略，着力加大创新要素投入，增加对高技术企业的扶持力度和科研人员的引进力度，提升技术成果转化效率；加强企业自主创新能力的培育，促使创新技术和理念贯穿至生产流程的各个环节；设立省级创新实验室，发展制约高技术产业发展的"卡脖子"技术，推动高技术产业的新技术研究攻关。

推动加工贸易转型升级。立足福建省本土优势，整合产业链资源，推动产业链上企业兼并重组，着力培育加工贸易产业集群。借鉴长江三角洲地区与粤港澳大湾区加工贸易转型升级示范区的发展经验，在空间上将产业链上的生产主体和销售主体集中起来，形成规模效应，降低生产成本。着力增加国有企业、集体企业以及私营企业从事加工贸易生产经营活动的比重，降低对外商企业的过度依赖。积极争取加工贸易维修试点。

4. 对标国际国内先进，持续优化营商环境

参照国家发展改革委制定的更加符合我国实际的营商环境评估体系，制定和完善全省统一的营商环境评价体系，并在此基础上研究各城市和地区的营商环境考评体系。针对营商环境指标中的突出短板和痛点，找准国内先进做法和典型案例，作为下一年营商环境优化的工作重点，以评促改，以评促优。在政策方面，重视营商环境评估指标中具有长期目标属性的相关指标，研究制定和尽快出台相应的规划和政策措施。例如，对于创新体制机制，实施优质创新企业培育行动，加大"独角兽""瞪羚"企业培育，完善政府采购相关制度，强化企业技术成果转移服务建设，促进"政产学研用金服"高校联动；借鉴杭州的做法，构建包容普惠创新生态体系，推进创新创业协会建设，打造一批具有市场前瞻性的"双创"平台，聚焦人才服务，开通"人才服务直通车"，对于人才落户、子女教育、出入境等实行立即办、上门办。

在开办企业环节，压减企业办理时间。实行网上自助刻章，推行电子发票，由刻章企业向公安部门备案。在提升办事服务效率方面，进一步推动部门间的信息共享，让能入驻政务办事大厅的尽快入驻，整合民生服务资源，提升"一趟不跑"的事项办理比例；借鉴广东、贵州等地区的成功经验，推动外商投资"一站式"服务体系建设，一次注册登录、一次提交清单规定材料就可实现企业在线开办；精简纳税申报流程，减少纳税次数，实行合并申报，如企业申报增值税时，同步完成城市维护建设税等其他税种的申报，根据企业类型，纵向整合税种核定等办税流程，提供"套餐式"服务。在优化行政审批服务事项方面，推动全省"证照分离"改革全覆盖，加大自贸区取消审批、改为备案或实行告知承诺的改革试点力度；在全省范围内开展"五级十五同"标准化事项工作，实行同一审批事项无差别受理。在建筑施工审批方面，借鉴北京等地区的经验、举

措，推动并联审批、容缺受理机制，推进用地、规划、施工、验收以及不动产登记等环节共享互认。在知识产权保护方面，借鉴深圳的成功经验，深化行政执法体系改革，推进知识产权保护机制建设，如搭建知识产权"一站式"协同保护平台，探索知识产权金融服务创新。

5. 完善外资吸引保障机制，促进外资多元化

用好相关政策，完善引进和吸收外资的保障机制。在相关政策上，推动落实外商投资"两清单一目录"，出台细则支持外资设立证券、保险、融资租赁等金融机构入驻；促进跨境投融资便利化，简化外商相关业务人民币结算流程，鼓励外资企业资本金用于境内股权投资；对于当年实际到资的重点项目，给予一定额度的奖励，支持各地出台稳外资的具体措施，制定相应的外资奖励政策。

在保障机制上，建立由主要领导负责的引进外资工作协调机制，建立分管领导联系大型跨国企业直接沟通机制，重点解决制约大型跨国企业和重点外资项目进入福建省的重大困难问题；不定期策划项目招商，密切跟踪世界500强企业、龙头企业等投资动向，不断拓展引资新方式；瞄准高技术制造业、生产性服务业等领域，生成一批具有带动性的招商项目；着力推进协同招商、产业链招商，加强与数据平台合作，探索大数据招商模式；开展委托招商，加强与国内外投资中介机构的合作交流。建立福建省省级引进外资工作联席会议机制，加强对利用外资工作的组织领导，对重大外资项目可统筹实行"一企一策""一事一议"；构建和完善外商投资企业投诉联席会议机制，加快建设外资企业投诉处理平台；规范各地市政府对外招商引资行为，严格兑现向外商投资者做出的政策承诺，认真落实在吸引外资等活动中签订的各类合法合同。发挥自贸区示范引领作用，借鉴国内其他自贸区的先进做法，完善复制推广工作机制；积极构建RCEP合作先行示范区，对标RCEP贸易规则，推动建设中日地方发展合作示范区，积极申报建设空港综合保税区，打造RCEP经贸合作平台；着力打造福建专区线上平台，开展线上展销会和洽谈交易。

6. 打造扩大对外开放的优良人文环境

在新发展格局下，以区域共同文化为纽带，充分利用侨资、侨商在对外开放中的重要推力作用，加强与海外华侨华人的交流和联系。发挥海洋文化、华侨资源优势，培育若干外向型"拳头"产品，打造人文交流品牌，在投资贸易、人

文交流等领域织密合作网络。建议在福州、厦门以及泉州等地成立"海丝侨缘馆"综合服务平台,通过返乡谒祖等方式推动民心相通。充分发挥研究优势,开展新侨乡调研和文化认同研究,挖掘侨乡文化历史资源,传播侨乡文化。

在"一带一路"建设方面,主动融入国家战略,深入推进"丝路海运""数字丝路"等海上丝绸之路核心区标志性工程建设,加强与沿线国家和地区的人文交流。依托福建省人文历史优势,打造"海丝"旅游、"妈祖文化"旅游品牌。大力发展丝路文化遗产长廊,如闽越王城遗址等,强化在沿线国家和地区的推广力度。开辟海上丝绸之路旅游专线,打造惠民旅游热线,通过公益基金等措施,吸引沿线国家和地区的人员来闽旅游,促进双方融合发展。

第八章　公共服务协同发展

推进基本公共服务共建共享是保障社会整体福利水平，切实提升人民群众幸福感的重要保障，也是深化山海协作，实现区域共同发展的一项重要任务。近年来，福建省积极推动区域内公共服务协同发展。在财政金融方面，陆续出台了一系列保障政策，支持区域公共服务领域建设；在公共教育方面，以完善基础教育对口帮扶机制为抓手，着力缩小区域间教育发展差距，并积极推动职业教育的协作发展和高等教育资源的共建共享；在医疗卫生方面，通过全面深化医药卫生体制改革，加大补齐短板力度，增强医疗服务能力，提升公共卫生服务水平，人民健康水平得到较大提高，卫生健康发展成效显著。这一系列举措为推进山海协同发展做出了积极贡献。

一、财政金融服务协同发展

1. 创新财政支持方式

近年来，福建省围绕如何实现财政金融服务协同发展做了一系列积极的工作，其中通过创新财政支持方式，运用财政政策、资金、资源，与金融政策、工具、产品相衔接，紧紧围绕中小微企业融资的痛点、堵点、断点，加快建立并形成立体式优惠政策支持体系，促进实体经济发展是其中一项重要的措施①。具体来看，福建省主要采取了以下三方面的举措：第一，靶向解决企业融资痛点。福建省通过设立纾困专项资金贷款并配合专项再贷款政策为受疫情影响的中小微企业提供优惠利率贷款。此外，通过设立中小微企业融资风险资金池，支持创设"快服贷"等系列产品，最高为银行的风险损失分担50%。第二，聚力打通企业融资堵点。福建省发挥政府性融资担保"三支"（支小、支微、支农）作用，将融资担保机构指标纳入政府营商环境和绩效考核评价体系，搭建三级担保合作机制和银担合作机制，促进融资担保增量扩面，业务规模和放大倍数实现逐年提升。此外，依托全省统一的政府采购网上公开信息系统，以政府采购合同作为信用担保，推出"政采贷"，率先实现采购合同融资线上办理。第三，云端连通企业融资断点。福建省采用金融服务云平台运用数据"算法"和创新"基金云"平台等措施对企业进行画像、负面清单筛查，实现放款提速，同时通过平台实现对各级政府投资基金、各类私募基金、企业和创新项目的智能"撮合"，提高直接融资对接效率。此外，福建省还运用平台发布政策，推送企业"白名单"，业务数据实时更新、分析比对、智能查询，财政贴息资金通过线上直达企业，实现部门数据共用共享。

2. 财政金融协同联手形成支持发展合力

福建省陆续出台六个方面26条支持乡村振兴的财政金融政策，这些政策包括加大乡村振兴重点区域的金融支持力度、优化乡村振兴特色领域的融资服务、丰富乡村振兴的金融产品体系、提升银行业金融机构服务能力、完善乡村振兴的基础金融服务、强化金融支持乡村振兴的配套保障②。其中涉及财政贴息、财政正向激励和财政支持的风险分担、融资担保政策主要有四条：一是继续实施创业担保贷款贴息补助政策，推动银行机构降低贷款利率，加快贷款发放，切实满足脱贫人口、返乡青年、小微企业等主体创新创业的资金需求。二是用好用足农业保险财政保费补贴政策，有效实施过渡期脱贫人口产业帮扶、农村住房、特色农业等地方特色农业保险。通过提高补助标准、优化奖补政策、实施公开竞争遴选

① 福建省财政厅. 发挥新时代财政力量 推进区域协调发展［EB］. 2021-04.
② 福建省财政厅. 财政金融协同催生一批支持乡村振兴财金政策［EB/OL］. http：//czt. fujian. gov. cn/zwgk/zwzx/czxw/202109/t20210929_5698598. htm，2021-09.

等，鼓励保险机构开发商业性农业保险产品。三是实施新型农村金融机构定向费用补贴政策，支持县（市）开展引导金融服务实体经济试点，通过财政奖补资金与绩效考评结果挂钩，对试点取得成效的县（市）给予补助。同时，免收省级再担保费。四是健全农业融资担保和风险分担机制，鼓励还未成立农业信贷担保机构的县（市、区）从乡村振兴试点示范省市补助及县级自筹资金中安排注册资本金，成立担保机构，对乡村振兴试点示范特色乡（镇）和试点村给予重点支持。用好省级政策性优惠贷款风险分担资金池政策。

3. 充分发挥财政"杠杆"作用

福建省整合推出正向激励 17 条措施，通过贴息、风险分担、正向激励、融资担保、政府投资基金等措施，有效引导促进金融服务中小微企业和"三农"等市场主体。自 2020 年以来，累计推出四期共 400 亿元规模的中小微企业纾困贷款，前三期惠及 7400 多家企业，有效解决了企业短期资金困难问题。具体措施包括：第一，完善部门联动机制。财政、金融监管、行业主管等部门通力协作，省级财政直接贴息 1%，并运用正向激励、再贷款再贴现、政府性融资担保等政策工具，为合作银行提供配套支持，推动纾困贷款投放。第二，引导合作银行主动服务。纾困贷款利率"限高"，不超过一年期 LPR 加 50 个基点，采取开设纾困贷绿色通道、特事特办、限时办理等措施优化服务，实行专项考核、定期通报，传导压力、提高效率。第三，金服云平台"撮合"对接。企业 7 天 24 小时全天候、无障碍自主申请；平台运用各类数据"算法"，开展企业画像、负面清单筛查，帮助解决银企信息不对称问题，简化贷款审批流程，放款提速。第四，打造立体化政策体系。引导纾困贷款对象中仍有融资需求的企业，申请创业担保贷款、商贸贷、外贸贷、科技贷等政策性优惠贷款并予以支持。同时，发挥省级政策性优惠贷款风险分担资金池功能，支持设立推动乡村振兴、文旅行业发展的"快服贷"产品，快速便捷地提供优惠贷款支持。贷款期满后，鼓励合作银行以金服云平台数据为基础，继续为经营正常、无信用不良记录的企业提供无还本续贷等支持，满足其融资需求，但不重复享受纾困贴息，避免出现纾困贷款到期后企业的其他融资贷款不能接续等问题。

4. 实行差别化财政支持政策

在实行差别化财政支持政策方面，福建省主要采取了以下几个方面的措施：

第一，实行均衡性转移支付。为支持缩小地区间财力和基本公共服务差距，增强市、县政府区域协调发展经费保障能力，省级财政根据省委、省政府工作要求，选取影响各地财政收支的客观经济社会因素，考虑地区间支出成本差异，按照标准财政收支缺口和财政困难程度等因素安排均衡性转移支付补助，并建立规模稳定增长机制。"十三五"期间，省级财政累计下达资金141.06亿元，各地可优先用于弥补中央、省出台的民生政策形成的支出缺口或政策性减收造成的财力缺口，在此基础上，还可统筹用于支持脱贫攻坚等其他公共服务领域建设。第二，加强重点县财力转移支付保障。对23个省级扶贫开发工作重点县实行财力转移倾斜政策，"十三五"期间，省级财政累计下达相关资金160亿元，年均增长7.6%。其中，每年在安排县级基本财力保障补助时，对每县单独增加补助1000万元，统筹用于各项重大民生财政支出。此外，安排每县社会事业专项资金1000万元，继续支持卫生、文化、体育等社会事业项目。同时，从地方政府债券资金中安排每县1亿元，由省级财政全额贴息，支持重点县产业结构调整。并且，每年共安排3亿元的县域产业发展专项资金，由各部门平均"切块"下达，整合用于具体产业发展项目。第三，做好山海对口帮扶工作。按照省委、省政府挂钩帮扶工作有关部署，省财政厅在"十三五"期间累计投入帮扶资金45.78亿元，通过"党建+脱贫"方式，先后牵头挂钩帮扶三明市明溪县、宁化县，支持一系列公路、就业等民生项目建设。

5. 支持区域间经济协作

在支持区域间经济协作方面，福建省主要采取了以下几个方面的措施：第一，推进共建产业园区。一方面，"十三五"期间，省级财政每年安排山海协作共建产业园区资金900万元，支持已经认定的23个扶贫工作重点县（市）山海协作共建产业园区基础设施建设及公共服务等。另一方面，按规定返还省级分成。按照《福建省人民政府关于厦门龙岩加强山海协作共建经济区的批复》的规定，结合龙岩市财政局申报情况，"十三五"期间，省级财政对厦龙合作区产生的财政收入涉及省级20%体制分成部分，予以全额返还。第二，实行差别化人才政策。在参与制定相关政策时，对山区充分予以差异化支持，加强山区人才队伍建设。如，会同省人社厅于2018年发文明确，对三明、龙岩、南平、宁德四个山区市所辖事业单位符合条件的专业技术人才，按照当地高级专业技术岗位的专业技术人才绩效工资现行档次与最高一档标准之间的差额，发放专项奖励资金。第三，积极扩大有效投资。加大对两大协同发展区的重大项目特别是在建项目的资金支持力度，"十三五"期间，全省累计发行地方政府新增专项债券 2853 亿元。落地 PPP 项目 313 个，引入社会资本投资 3155 亿元，落地率达到 86.2%，居全国第三，有力推动了福厦铁路客运专线等重大项目建设，支持交通运输、农林水利、乡村振兴等领域加快发展。

6. 推动区域民生协调发展

在推动区域民生协调发展方面，福建省主要采取了以下几个方面的措施：第一，深入实施新时期"造福工程"。"十三五"期间，省级财政累计投入造福工程补助资金 15.72 亿元，对居住在条件恶劣偏远自然村等五类符合要求的造福工程搬迁农户，"以补促建"支持建房和安全饮用水、污水管网、绿化美化等造福工程集中安置区基础设施建设。第二，完善多元化区域生态补偿。首先，开展重点流域生态保护补偿。鼓励支持重点流域下游地区与上游地区采取对口协作、产业转移、人才培训、共建园区等方式，加大横向生态保护补偿实施力度。"十三五"期间，累计下达省以上资金 72 亿元，按上游地区补偿系数高于下游的原则分配。其次，完善森林生态保护补偿机制。逐步提高省级以上生态公益林补偿标准，从 19 元/亩提高到 22 元/亩。"十三五"期间，累计安排省以上资金 47.33 亿元。同时，各市县也根据各地实际，加大生态公益林管护投入并逐步提高补偿标准。再次，建立综合性生态保护补偿机制。2018 年，在重点生态功能区 23 个县试行综合性生态保护补偿制度，依据水质等 11 项生态指标考核结果，对环境质量提升县给予提升性补偿奖励。"十三五"期间，省级财政累计统筹并下达资金 8.2 亿元。最后，实施生态保护财力转移支付制度。综合考虑区域生态功能因素和支出成本差异，在实施范围、测算办法、生态指标体系等方面做了调整优化。"十三五"期间，省级财政累计下达补助资金 93.13 亿元。进一步增强限制开发区域、禁止开发区域等生态功能重要地区所在地政府的生态环保能力和基本公共服务保障水平。

7. 推进财政体制改革

福建省坚持权责清晰、财力协调、区域均衡的改革方向，推动形成稳定的各级政府事权、支出责任和财力相适应的制度。一是根据《国务院关于推进中央与地方财政事权和支出责任划分改革的指导意见》，2017 年出台福建总体实施方案，2018 年出台基本公共服务领域改革方案，初步划分省以下财政事权，并出台了外交、交通运输等分领域改革方案，其他领域方案也在稳步推进中。二是完善省以下收入划分制度，贯彻落实《全面推开营改增试点后调整中央与地方增值税收入划分过渡方案》精神。三是进一步完善省对市县转移支付制度和相关办法，促进基本公共服务均等化。

二、公共教育协同发展

1. 基础教育对口帮扶

完善基础教育对口帮扶机制是缩小区域间教育发展差距的重要抓手。依托对口帮扶薄弱地区基础教育发展的机制以及实施职业教育协作计划和急需紧缺人才培养能力提升援助计划等，为推进协同发展区高质量发展提供人才支撑和智力支持。基础教育对口帮扶具体措施包括：

第一，推动学前教育向优质普惠发展。以县为单位加强幼儿园布局规划，推动实施学前教育三年行动计划和公办幼儿园建设项目，并对重点县予以倾斜，加快落实公办幼儿园生均公用经费制度。此外，通过大力发展农村学前教育保障每个乡镇至少办好 1 所公办中心幼儿园；采用大村独立设园或设分园、小村联合办园等形式建设村办幼儿园；继续做好农村偏远地区学前教育巡回支教试点工作。完善和创新乡村小规模学校附设幼儿园（班）精准帮扶工作机制，发挥公办园示范带动作用，进而整体提升农村薄弱园保教质量。

第二，推进义务教育向城乡一体化发展。继续巩固完善"城乡统一、重在农村"的义务教育经费保障机制，并加大对重点县的倾斜支持力度，确保所有义务教育学校达到基本办学条件。此外，落实"义务教育学校管理标准化"创建机制，推行农村薄弱校"委托管理"改革，健全乡镇中心学校对村小学、教学点管理机制。强化控辍保学工作，实施建档立卡贫困家庭学生台账化精准控辍，坚持优先帮扶、精准帮扶，确保每位适龄儿童不因贫困而辍学。

第三，完善和强化乡村教师队伍建设。实现公共教育的协同发展，完善和强化乡村教师队伍是关键。实施的具体措施包括：加大乡村教师补充力度，对乡村教学点教师招考实行专项招聘制度，鼓励各地与高校联合培养"本土化"乡村教师。全面推进教师"县管校聘"改革，优化配置县域城乡师资。继续实施23个重点县补充教师经费资助计划和乡村紧缺教师代偿学费计划，深入实施乡村校长助力提升工程和乡村教师素质提升工程，开展"支教跟岗""送培下乡"等活动。

第四，加快发展中等职业教育。坚持把中等职业教育作为普及高中阶段教育的重点。推动重点县中等职业学校办好对接县域产业的特色专业，形成错位发展、特色发展的专业布局。允许重点县单独组队参加全省职业院校技能大赛。

第五，积极发展普通高中教育。实施高中阶段教育质量提升攻坚计划，优化普通高中布局结构。落实普通高中生均公用经费省定标准，完善省级资金奖补机制，健全普通高中经费投入保障机制。探索远程帮扶试点模式，实现优质师资共享，促进教育均衡发展。落实国家高考综合改革和普通高中课程改革要求，推进重点县高中达标创建，提高教育教学质量。

第六，完善教育对口帮扶机制。完善基础教育对口帮扶机制，从教育教学管理、教师队伍建设、改善办学条件等方面促进重点县学校提升办学水平。组织优质职业院校对口帮扶重点县职业学校，促进区域职业教育整体水平提升。建立高校帮扶机制，引导经济较发达区域高校、省级示范性应用型高校与贫困地区高校开展合作共建。

第七，加大现代信息技术应用。依托信息技术的发展，实施"福建省优质教育资源共享支撑工程"，推进优质教育资源开放共享。以中小学教师网络空间、名师网络工作室等为抓手，为重点县培养学科骨干教师。继续开展"一师一优课、一课一名师"等信息化教学推广活动，促进中小学信息技术与教育教学深度融合。

2. 职业教育协作发展

福建是我国近现代职业教育的重要发轫地之一。通过实施职业教育协作，能为区域协作发展提供高素质技术人才储备。福建省一方面实施中职学校对口帮扶计划；另一方面采取"三二分段制"，通过中等职业学校与高等职业院校分段实施、联合培养的模式，不断拓宽技工人才培养的深度广度①。要进一步实现省内职业教育协作发展，需要重点把握以下几个方面：

第一，树立各市、县"一盘棋"意识，顶层设计职业教育协同发展机构。目前，福建省正在加强职业教育协同发展促进机构的顶层设计，加强各市职业教育在布局、招生、人才培养和社会就业等各个环节的紧密配合，通过制定科学合理的职业教育一体化发展方案，促进区域间智力资源和教育成果的协同共享和交流，最大化地实现教育资源和教育成果的合理配置。

第二，搭建职业教育教科研政合作平台，打造优质教育资源共享平台。要加快职业教育的协同发展，打破原有的行政区域间的地理阻隔，突破地域、人才和科研成果等方面存在的资源壁垒，建立科学联动的资源管理机制，推动职业教育间的联动发展是关键。目前，福建省正以具体项目为着力点，推动区域间职业教育领域开展多方面合作，具体包括：开展职业院校结对，举办职业教育研讨会，以及通过建立精品在线课程资源库，利用慕课、魔灯、云平台等新理念、新技术进一步缩小职业教育的地域壁垒，实现教育资源的共建共享。

第三，发挥各市、县的特色和优势，实现教育资源的合理分配和定位。职业教育协同发展只有从结构上进行调整才能实现新的系统的动态平衡。福建省各县市有各自的特色和优势。例如，厦门、漳州、泉州三市地处沿海，经济相对发达，职业教育资源丰富。龙岩和三明拥有大量的红色教育资源，在优秀革命传统教育和职业教育立德树人功能实现等方面具有不可替代的优势。然而，龙岩和三明的职业教育资源、发展水平和近邻的厦门、漳州、泉州三市相比仍存在很大落差。因此，福建省相关地区要因势利导，勇于"开渠引流"，尽快补齐职业教育的短板，改变在职业教育资源方面的劣势地位②。

第四，以职业教育联盟为纽带深化职业院校校际协同。福建省各地一方面要以各职教联盟的成立为契机，不断扩大参与职业院校和企业的规模，聚集行业和学科专业的优质资源，服务协同发展区行业和企业，探索新的职教联盟方向；另一方面要加快高等职业教育的实训基地建设，构建职业教育对接产业的服务平

① 福建省教育厅. 整合区域人才资源 山海协作共谋发展［EB/OL］. 台海网，http：//www. taihai-net. com/news/fujian/gcdt/2018-10-06/2189811. html，2018-10.

② 王润清. 闽西南协作区职业教育发展的瓶颈及对策建议［J］. 课程教育研究，2020（27）：18-19.

台，实现高职院校与企业、社会的联动办学。

第五，搭建产学研信息化发展中心。要促成两大协同发展区之间的关联、开放、协调和共享发展，构建内部的产业空间与创新平台之间的协同信息网络是关键。福建省内各地通过产学研信息的互通可跳开狭窄的经济空间边界，从更高层面、更大视野上进行统筹分配，强化地市合作要素和资源的共享，在涉及科技、金融、人才、信息要素方面，加强产业布局和人才的合理配置，提升职业院校人才的互动性。

3. 高等教育协同共享

高等教育是人才培养的重要阶段，而人才是支撑发展的第一资源。受区域发展不平衡的影响，福建省高等教育资源分配存在严重的不均，如何化解这一问题是实现区域协同发展的重要抓手。目前福建省的主要举措包括：

第一，实现高教资源共建共享。福建省立足自主建设，采取"政府推动、高校为主、社会参与"的方式，集聚优势力量和优质资源，引入竞争机制，坚持公益性服务为基础，建立在线开放课程和平台可持续发展的长效机制[①]。通过组建在线教育联盟，支持在闽普通高等学校和提供相应支持与服务的企事业单位组成"福建省高校在线教育联盟"（以下简称"在线教育联盟"），负责全省高校在线开放课程的建设、应用、引进和推广；支持开展共建共享。汇集在线教育联盟成员优势，遴选优秀教师，推动课程教学改革，促进优质资源共享，为福建省高校学生及社会学员提供课程学习的选择和服务。

第二，倡导协同创新和集成创新。省内各高校跨校、跨专业、跨层次建设满足不同教学需要、不同学习需求的在线开放课程或课程群，推进在线开放课程学分认定和学分管理制度创新，积极探索高校间、专业间的在线开放课程学分认定、课程互选和学分互认。此外，高校间要注重应用共享。坚持应用驱动、建以致用，整合优质教育资源和技术资源，实现课程和平台的多种形式应用与共享。

第三，加快实施急需紧缺人才培养能力提升援助计划，推动人才培养工作更

---

① 在线学习. 福建教育厅：建设全省在线开放课程资源信息共享平台［EB/OL］. http：//zxxx. net. cn/Article/Detail/Overview/3829.

好地为协同发展区发展服务。目前,省教育厅积极统筹援助项目,组织协同发展区内应用型本科高校,采取"多对一"项目包建、选派高水平教师团队等方式进行对口帮扶,建设紧缺急需人才专业[①]。

三、医疗卫生协同发展

1. 医疗卫生发展现状

"十三五"以来,福建省以习近平新时代中国特色社会主义思想为指导,全面深化医药卫生体制改革,加大补齐短板力度,增强医疗服务能力,提升公共卫生服务水平,人民群众健康水平得到较大提高,卫生健康发展成效显著,主要体现在以下几个方面:

一是医疗资源不断扩充,医疗水平稳步提升。在医疗资源方面,截至 2020 年,福建省各级各类医疗机构床位总数达 21.68 万张,比 2015 年增加 4.36 万张,每千常住人口医疗机构床位数达 5.22 张。全省医疗机构执业(助理)医师达 10.55 万人,比 2015 年增加 2.74 万人,每千常住人口执业(助理)医师达 2.54 人,每万人口全科医生达 2.44 人,每万人口精神科床位达 5.88 张。全省注册护士达 12.25 万人,比 2015 年增加 3.20 万人,每千常住人口注册护士达 2.95 人。全省三级医院 87 个,比 2015 年增加 22 个。在医疗水平方面,福建省实施委省共建,推进医疗"创双高"和区域医疗中心建设,与国家高水平医院建立"一对一"合作共建关系,2 所医院纳入国家区域医疗中心试点项目建设;推进 3 所高水平医院、21 个高水平临床医学中心和 90 个临床重点专科建设,实现高位嫁接、技术平移;开展县级医院综合服务能力提升建设,实施对口帮扶提升基层医疗卫生机构服务能力。2020 年,福建省有 2 家医院进入复旦版全国医院百强,全省 13 个专科进入全国十强提名,38 个专业 72 个临床专科进入华东五强或五强

---

① 闽南网福建. 福建以重大教育协作项目为支撑 山海协作共谋发展 [EB/OL] . https://baijiahao. baidu. com/s? id=1613538227607188637&wfr=spider&for=pc, 2018-10.

提名。在中医药服务方面，福建省开展中医名医名科名院建设，国医大师取得零的突破，新增 3 人获全国名中医称号，4 个专科列入国家区域中医（专科）诊疗中心建设。中医药传承创新取得新成效，1 个医院列入国家中医临床研究基地建设，2 人被评为首届全国中医药教学名师，2 人入选岐黄学者，2 人获全国中医药杰出贡献奖表彰。

二是公共卫生服务能力持续增强。福建省不断加大公共卫生投入力度，基本公共卫生服务均等化水平不断提高，人均补助提高到 74 元，个人卫生支出占卫生总费用比重下降到 24% 左右；重点人群健康服务保障加强，高血压患者和糖尿病患者规范管理率分别达 79.43% 和 79.42%；建立居民健康档案 3537 万份，适龄儿童免疫规划疫苗接种率保持在 95% 以上，15 岁以下儿童乙肝表面抗原携带率降至 1% 以下；母婴安全等妇幼健康指标居全国前列，2020 年严重致死致残出生缺陷发生率为 8.32‰，比 2015 年下降 35.2%；应对突发事件能力不断提升，建成 6 类 26 支省级卫生应急队伍；落实传染病综合防控措施，防范埃博拉出血热、登革热等境外输入传染病，持续抓好艾滋病、结核病等疾病防控，通过消除疟疾评估，传染病报告发病率保持在较低水平；推进医养融合发展，建设医养结合机构 119 个，医疗机构与养老机构签约服务 2242 对；加强人口监测，促进家庭发展，实施好当前生育政策，2020 年全省总人口达 4154 万人，人口出生率和自然增长率分别保持在 13‰ 和 7‰ 左右。

三是医药卫生体制改革有新突破。以三明市为代表，福建省积极推进医疗、医保、医药"三医联动"改革，现代医院管理、分级诊疗、全民医保、药品供应保障、综合监管五项制度建设取得新突破，公立医院综合改革效果评价连续五年位居全国前列。在 2019 年全国三级公立医院绩效考核中，福建省综合排名位居全国第 6 名，门诊和住院患者满意度均位居全国第 3 名。在 2019 年全国县级医院服务能力评估中，福建基本标准和推荐标准达标率分别位列全国第 5 名和第 8 名。福建省多项医改经验已向全国推广。

四是城乡居民健康水平持续提高。福建省推进健康福建建设，制定实施《"健康福建 2030"行动规划》《健康福建行动实施方案》。2020 年，全省常住人口人均期望寿命预计达 78.33 岁，比 2015 年提高 1.29 岁；孕产妇死亡率、婴儿死亡率、5 岁以下儿童死亡率分别为 1.035‰、2.54‰、3.53‰，比 2015 年分别下降 29.25%、45.26%、38.50%；居民主要健康指标继续保持在全国前列，以较少的卫生资源实现了较高的健康效益。

2. 医疗协同发展面临的挑战

经济稳定增长、消费结构升级、医学科技创新发展让福建省的医疗卫生水平得到长足发展，全民健康也逐渐成为了共识，但要全面实现健康福建建设目标，任务依然艰巨，健康领域还面临不少问题和挑战，主要表现在：

从供给侧来看，福建省医疗资源不均衡，健康服务供给总体不足与需求不断增长之间的矛盾依然突出。福建省医疗卫生资源分布不平衡，主要集中在福州和厦门两个城市。医疗的优势资源过多集中于中心城市，产生较为显著的"虹吸"效应，不仅造成优势资源越来越向中心城市集聚，更造成人才向中心城市流动，不利于区内各城市的协同发展。此外，福建省资源存在总量不足、结构不合理、供给主体相对单一、基层服务能力薄弱等问题，系统的预防、治疗、康复等健康服务体系和政府对健康投入的长效机制也有待完善，健康产业发展刚处于起步阶段。为此，缓解健康服务供需矛盾，正确处理政府和市场的关系，合理界定基本和非基本医疗卫生服务，坚持基本医疗卫生事业的公益性质，积极引导非基本医疗服务的市场化供给，提高健康服务领域的公平与效率等，是摆在福建省面前的重要课题。

从需求侧来看，随着人民生活水平的不断提高，公众健康需求呈多样化、差异化特点，群众更加重视生命质量和健康安全。随着慢性病成为最主要的健康威胁，部分群众"重医轻防"，片面追求"名医贵药"，加上医疗保障政策不完善等多重因素，导致医疗服务成本不断提高，医药费用持续增长。老龄化社会带来的医疗、护理、康复、临终关怀等健康服务需求日趋旺盛，新的生育政策的实施拉动的妇幼保健、儿童医疗需求大幅增加，以治疗为中心的服务供给模式不仅未能相应提高公众健康收益，而且浪费医药公共资源，亟须向以健康为中心的服务供给模式转变，以实现健康事业的科学发展。

此外，影响健康的经济社会环境因素更加广泛和复杂。工业化、城镇化、人口老龄化，以及疾病谱、生态环境、生活方式等的深刻变化，重大传染病、慢性病、环境污染、食品药品安全、重大公共安全事件等多重健康威胁因素的叠加，给维护和促进健康带来一系列新的挑战，对健康政策的整体性和协同性提出更高要求，全人群覆盖、全社会预防的健康理念亟须建立。但由于公众健康素养和健康自我管理能力普遍不强，公众健康与经济社会环境发展的协调性和可持续性均有待增强，从胎儿到生命终点的全程健康服务和健康保障网络等尚不健全，"大卫生、大健康"的理念尚未树立，制约健康事业发展的体制机制问题有待进一步破解。因此，迫切需要在更高层次、更宽领域统筹解决关系健康福建建设的重大和长远问题，加快建立政府主导、部门协同、全社会参与的大健康格局，更好地维护健康公共利益。

3. 医疗协同发展的路径

一是积极推动区域医疗中心建设，提升医疗卫生资源共享水平。积极争取国家级区域医疗中心在福建布局。根据国家有关区域医疗中心建设部署和委省共建协议，推进复旦大学附属华山医院福建医院等国家区域医疗中心项目实施，同时推动省肿瘤医院等与国家高水平医院合作，争取纳入国家区域医疗中心建设，通过国家支持提升福建医疗水平，带动福建医疗发展。同时，按照"省市共建、网络布局、均衡配置"的思路，布局建设省级区域医疗中心，在福建省域内，形成一批具有较强引领和辐射带动作用的优势医疗服务，带动全省优质资源提质扩容，优化优质医疗资源区域布局，让优质医疗资源向人民群众身边延伸，使群众危急重症、疑难病症基本在省域内得到解决。

二是以信息化为支撑，建立区域医疗资源共享体系。通过制定数据交换技术规范，实现跨医院、跨部门的数据共享，依托省级检验检查平台提供检验检查互认判断接口服务、检验报告结果引用、互认项目报告，实现检验检查的互联互通互认。建立分级诊疗体系，通过医疗技术、设备等资源的共享机制，以互联网和人工智能等信息化技术手段，搭建远程医疗系统和服务网络，实现检查结果的传送，为患者提供远程会诊等医疗服务，让边远山区的患者在自己的家门口即可享受优质的医疗服务。通过省级三甲医院和县乡的二级医院组成医联体，以及三甲医院到二级医院轮值支持的方式，以线上教学培训等技术手段，提升二级医院的医疗水平。

三是共同应对突发公共卫生事件。鼓励探索以城市联合体或县域共同体为纽带的医防协同机制，健全突发公共卫生事件应急工作机制，完善监测、预警、决策、处置全链条响应机制，建立完善平战结合、科学高效的重大疫情防控体制机制，提升公共卫生应急工作能力。加强省市县公共卫生应急指挥中心建设，构建统一领导、权责匹配、权威高效的公共卫生应急管理格局。建设覆盖全省的突发事件卫生应急管理与指挥决策信息系统，健全重大公共卫生专家咨询委员会，完善公共卫生重大风险研判、评估、决策、防控协同机制，建立健全综合研判、预测预警、快速响应、应急处置等应对流程。

四是完善基本医保缴费参保政策，健全医保管理服务体系。推进医疗保障制度统筹整合，提高基本医保基金统筹层次，逐步建立医保基金调剂制度，适时实行医保省级统筹，实现基金中长期精算平衡，增强抵御风险能力。逐步提高大病保险统筹层次和水平。改进职工医保个人账户管理，开展门诊统筹。强化医保对药品（耗材）供应、医疗服务行为、分级诊疗等的监管功能，逐步建立符合医疗行业特点的战略购买与激励约束机制，发挥医保基金对适宜医疗服务与健康需求的经济保障引导作用。健全"三保合一"（城镇职工基本医疗保险、城镇居民医疗保险、新型农村合作医疗）管理体制和经办服务体系，强化医保基金监管，提高智能监控水平，全面实现对医药定点机构及从业人员的监管。探索引入社会力量参与医保经办服务。加快推进基本医保异地就医结算，实现跨省异地安置退休人员住院医疗费用直接结算和符合转诊规定的异地就医住院费用直接结算。

4. 医疗协同发展的保障

（1）体制机制保障。医疗卫生并不只是医疗卫生机构自己的事，公共政策对公众健康存在重要影响。福建省政府各部门应把保障人民健康作为经济社会发展的重要目标，建立"把健康融入所有政策"的工作机制，加强各部门各行业的沟通协作，针对威胁当地居民健康的主要问题，研究制订综合防治策略和干预措施，开展跨部门健康行动。坚持改革创新，健全体制机制，聚焦制度建设，着力在分级诊疗、现代医院管理、全民医保、药品供应保障、综合监管五项基本医疗卫生制度建设上取得进一步突破，加快建立更加成熟定型的体制机制。完善"药、价、保"三要素统一管理机制，积极探索构建大健康管理体制，形成促进健康合力。推进政事分开、管办分开，理顺公立医疗卫生机构与政府的关系，推动政府管理方式由直接管理向全行业管理转变，建立现代公立医院管理制度和协调统一的医药卫生管理体制。

（2）资金保障。资金是卫生健康政策可以得到落实的保证，福建省应建立健全各级政府健康领域长效投入机制，调整优化财政支出结构，加大健康投入力度，科学合理界定省级政府和地方各级政府支出责任，建立公平、合理、可持续的负担机制，确保基本公共卫生服务和基本医疗保障补助等及时足额到位，落实对公立医院等健康服务机构的投入责任，控制和化解公立医疗机构债务风险。同时，鼓励发展各类商业健康保险，探索建立具有福建特点的分科医疗保险体系，落实税收等优惠政策，丰富健康保险产品，鼓励企业、个人参加商业健康保险及多种形式的补充保险，满足基本医保之外的健康需求。此外，可以充分调动社会组织、企业等的积极性，形成多元筹资格局，完善扶持措施，鼓励金融等机构创新产品和服务，推进 PPP 健康项目建设，健全社会救助体系，大力发展社会福利和慈善事业，鼓励社会和个人捐赠与互助，鼓励社会开办公益性健康服务机构。

（3）人才保障。福建省存在高端人才缺乏和人才资源不平衡等问题，应加强医教协同，建立完善医学人才培养供需平衡机制，加快省内高等医学院校发展，深化与国内外知名高等院校的合作，优化医学教育结构、规模、层次和区域分布，支持省内医学院校合理扩大医药卫生人才培养规模，满足卫生与健康发展需求。另外，继续实施基层医学人才定向培养项目和基层医疗卫生机构全科特岗医师计划，引导医学人才到农村地区为群众服务；加强乡村医生队伍建设，为农村培养农村医学专业人才，充实村级医疗卫生人员队伍；实行"山海援助"计划，省内沿海较发达地区向内陆山区欠发达地区派出专业技术人员，逐步提高山区、海岛等边远地区医疗卫生服务人员待遇，缓解内陆山区欠发达地区专业人才紧缺的问题；加快推进县级公立医院、基层医疗卫生机构薪酬制度改革，完善乡村医生财政补助保障机制、养老保障政策和到龄退岗制度。

四、人力资源协同发展

1. 人力资源协同发展现状

"十三五"期间，福建省人力资源和社会保障事业持续快速发展，各项目标任务顺利完成，为新时代新福建建设做出了积极贡献，为"十四五"时期的发展奠定了坚实基础，主要表现在以下几个方面：

一是人才队伍不断发展壮大。福建省人才发展体制机制改革持续深化，制定实施了一系列支持人才创业创新创造的政策举措，打造"人才福建周""人才创业周""海归英才八闽行"等一批特色引才品牌，实施"青年拔尖人才""师带徒"等一系列人才计划，千方百计引进培养"高精尖缺"人才。"十三五"期间，福建省共引进 ABC 类人才 3511 名，工科青年人才 9854 名。同时，人才分类评价和职称制度改革不断推进，人才评价标准和评价方式更加优化；高素质人才队伍建设持续加强，技能人才队伍建设取得重大进展。至"十三五"时期末，福建省专业技术人才达 282 万人，其中高级专业技术人才 28 万人；技能人才达 651.79 万人，其中高技能人才达 113.83 万人。

二是人社公共服务能力持续增强。至"十三五"时期末，福建省基层平台实体建设已覆盖所有县（市、区）、852 个中心乡镇（街道）和 7739 个行政村（社区）。省金保工程二期项目完成建设，"互联网+人社"建设取得成效，12333 公共服务平台建成并推广应用，社保卡发卡率居全国前列，社保卡制卡做到立等可取，人社数据实现汇聚共享。加强人社系统行风建设，"放管服"改革成效明显，审批服务全面进驻省网上办事大厅，高频服务基本实现"一趟不用跑"。福建省统一的审批服务体系、审批审核标准、事中事后监管机制基本建立，依法行政能力明显提高。"综合柜员制"的社保经办服务体系初步建立。

三是社会保障体系不断健全。实施全民参保计划，推进社会保险法定人群全覆盖。至"十三五"时期末，福建省城镇职工基本养老保险、城乡居民基本养老保险、失业保险、工伤保险参保人数分别达 1200.57 万人、1588.16 万人、664.41 万人、936.85 万人，基本养老保险参保率达 95.53%，高于 90%的预期目标。稳步提高养老保险待遇水平，连续 5 年同步调整企业和机关事业单位退休人员养老金，城乡居民基本养老保险省定基础养老金比国家标准高出 37 元。建立工伤保险省级统筹制度，工伤职工待遇大幅度提高。

2. 人力资源协同的挑战和困境

虽然福建省在人力资源方面积极拓新，取得了很多成绩，但新时期的情况更为复杂，福建省人力资源的发展存在诸多挑战。

一是不确定性明显增加。"十四五"时期，国内外发展环境更加错综复杂。当今世界正经历百年未有之大变局，新冠肺炎疫情影响广泛，经济全球化遭遇逆流，不稳定性、不确定性明显增加。受全球疫情和经贸形势影响，企业生产经营面临不少困难，裁员减员风险增大，重点群体就业形势严峻，就业总量压力特别是青年就业压力不容忽视。

二是人力资源区域配置失衡。一方面，山区迫切需要中高级人才。改革开放以来，沿海地区先一步享受到许多优惠政策，经济得到快速发展。山区大量的人力资源向沿海地区流动，使本来经济发展总体条件就不如沿海的山区人力资源，特别是有较高素质的人才更加缺乏，人才紧缺又进一步恶化了山区的经济发展环境，使山区越发留不住人，尤其留不住经济发展迫切需要的中高级人才。另一方面，福建省山区还是国有企业的集中地，随着国有企业改革，大量职工下岗不可避免，而且农村劳动力素质又普遍偏低，阻碍了一大批剩余劳动力的有效转移，导致山区大量剩余劳动力需要找出路，而沿海地区却大量使用外省劳动力。

三是高端人才匮乏。我国进入高质量发展阶段，制度优势显著，经济长期向好，继续发展具有多方面优势和条件。福建省具有扎实的发展基础，拥有难得的发展机遇，正全方位推进高质量发展超越，奋力谱写全面建设社会主义现代化国家福建篇章。然而，福建省制约和影响人才发展的体制机制障碍尚未根除，高端人才匮乏，以领军人才为核心的创业创新团队引进不足，高技能人才比例低于全国平均水平，技工教育投入不足，事业单位人事制度改革的目标和方向有待进一步明确。产业转型升级、新业态发展对人力资源提出了新挑战。

3. 人力资源协同政策建议

人力资源的合理配置是一个长期而复杂的系统工程，它是加快协作步伐，实现山海共同繁荣的关键，也是经济能持续、稳定、平衡发展的重要保证。

一是加快建设人才高地。人才是发展的基础，各地都在积极争取引进和留住人才，福建省在高层次人才方面基础薄弱，更应该加快建设人才高地。一方面，坚持"以产聚才、以才促产"，深化校地人才交流合作，推动产业链与人才链精准对接，突出"高精尖缺"导向引才育才，深入实施省引才"百人计划"、"雏鹰计划"青年拔尖人才和"八闽英才"培育工程。加强重大人才工程与重大科技计划相衔接、招商引资与招才引智相协同，重点培育和引进一批产业领军团队、特级后备人才、创业创新领军人才。完善提升"人才福建周""人才创业周"等平台，实施"师带徒"引凤计划，吸引高层次人才来闽发展。优化外国高端人才来闽工作绿色通道。另一方面，弘扬企业家精神，鼓励和支持企业家在爱国、创新、诚信、社会责任和国际视野等方面不断提升自己。营造有利于企业家健康成长的良好氛围，培育有开拓精神、前瞻眼光、国际视野的优秀企业家队伍。推进企业经营管理人才职业化、市场化、专业化和国际化，实施企业高级经营管理人才队伍提升工程，举办各类企业高级经营管理人才培训班、中小企业领军人才培训班等，提高企业家经营管理能力。推广"以企业家培养企业家"模式，支持龙头企业培养管理人才，输出优秀企业家。

专栏　福建省人才计划

01　省级高层次人才支持计划

统筹整合现有人才政策和人才项目，集成资格条件制、评审制、推荐制等多种人才评价方式，满足一定条件的人才按程序直接认定为相应层次高层次人才，并享受相应待遇和支持。

02　紧缺急需人才引进支持计划

根据福建省经济社会和产业发展需要，突出"高精尖缺"人才供需，编制实施紧缺急需人才引进指导目录，引导境外、省外人才以多种形式向福建省重点产业、行业、领域、项目、学科及地区集聚。

03　海外优秀青年人才来闽学术交流计划

围绕"立足长远、面向青年、放眼全局、海纳百川"，力争吸引 1500 名以上海外优秀青年人才来闽开展学术交流，增进海外青年人才对福建的了解，促进形成国际化人才发展新格局。

04　高层次人才和青年优秀人才选拔培养项目

组织开展享受政府特殊津贴人员、百千万人才工程人选、"雏鹰计划"青年拔尖人才选拔工作，推动遴选一批享受政府特殊津贴专家。实施"优培计划"，促进高层次专业技术人才和青年优秀人才成长，促进创新团队和学术梯队建设。实施"海峡博士后交流资助计划"，推动闽台博士后学术技术和人才

项目交流。

05 "智惠八闽"专家服务乡村振兴专项行动

贯彻落实中央和福建省关于实施乡村振兴战略的意见，组织各级各类专家深入基层一线，开展多种形式的技术帮扶、产业帮扶、人才帮扶等服务活动，大力促进乡村人才队伍建设和乡村全面振兴。

06 "师带徒"引凤计划

探索"创业特派员"工作模式，将省内外创新创业领军人才（金凤）的产业项目"嫁接"给致力于返乡创业的大中专毕业生、返乡入乡创业人员、退伍军人、待就业青年（"雏凤"），并通过"师带徒"结对子的方式进行孵化，培育一批乡村振兴战略带动型人才（"玉凤"），落地一批引领性强、成长性好、扎根农村的创新创业企业。

资料来源：笔者根据福建省政府网站资料整理。

二是建立健全人才交流共享机制。充分发挥市场作用，促进人才顺畅有序流动，着力破除人才流动障碍，畅通人才流动渠道，推进人才资源优化配置。加强山海协作，围绕闽东北和闽西南两个协同发展区建设，推进区域人才协作一体化。山区应当建立更加有效的人才引进机制，要对以往制定的有关政策进行梳理，借经济体制改革和行政机构调整之机，引导行政机关、国有企业、高校和科研机构的干部、科研技术人员等以人员流动或智力流动方式，积极支援山区建设，特别要鼓励各种人才形成群体优势，以实现更大的效益。同时要鼓励沿海和省会城市科技人员包括退休科技人员到山区提供定点服务、有偿服务及社会服务。政府可考虑设立山区科技发展专项基金，扶持山区科技人员从事科研和科技开发以及科技成果的推广应用，对有突出贡献的科技人员要给予重奖，并形成配套政策。同时也可筛选出一批条件合适的乡镇企业，给予一定的资金和政策优惠，以鼓励它们吸引沿海地区的企业管理人才。重点乡镇也可以吸纳沿海地区的人才任乡（镇）长，或引进各种人才到山区短期任职。另外，山区应当根据本地经济发展的需要有重点、有目的地选拔一批优秀人才送到高等院校或沿海发达地区学习、培训，培养一批企业管理人才、科技工作人才和行政管理人才。同时，在"双基"基本达标的基础上，加强职业技术教育和成人教育，特别是加强农村成人适用技术培训，逐步提高农村人口素质，加快农业发展。

三是联合建立统一的人力资源市场。福建省应鼓励人力资源服务机构为相关用人单位提供跨区域、专业性人力资源服务；建立就业信息共享机制，整合求职招聘资源，共建公共就业服务信息系统、人力资源网站、就业创业公众号等，打造"互联网+"就业服务平台和街镇基层就业服务平台，推进公共就业服务标准化、一体化、均等化；推动各级公共人力资源服务机构共同打造一体化品牌项目，建设"一站式"服务窗口，形成统一开放、竞争有序的人力资源市场；完善劳务协作工作管理机制，鼓励支持社会力量开展劳务协作，鼓励职业院校与劳务协作地企业开展订单和定向培养培训产业技术工人；建立和完善全省性的劳动力市场，引导山区剩余劳动力向沿海地区合理有序地流动；结对子的山海两地可以联手进行劳动力培训，同时通过就业安排有计划地引导山区劳动力在山海两地间合理流动。此外，可以通过社会各界力量牵线搭桥，帮助山区下岗职工到沿海地区的私营企业、三资企业和乡镇企业工作，此举既有助于解决山区就业机会不多的难题，又可以满足沿海缺乏熟练工人的需要。

四是深入推进科技体制改革，优化创新创业生态。福建省应深入推进科技体制改革，完善科技创新治理体系，优化科技规划体系和运行机制，实行项目、基地、人才、资金一体化配置；实施促进科技成果转化应用工程，建设中科院福建育成中心、福州地区大学新校区科技成果转化对接服务平台，建立福建省高校技术转移联盟，推动更多高校科研成果在福建落地转化；提升国家技术转移海峡中心、中科院科技服务网络福建中心、中国·海峡创新项目成果交易会、协同创新院产业技术分院等平台的创新服务能力，壮大技术转移人才队伍，健全科技成果常态化路演和科技创新咨询机制；完善金融支持创新体系，积极吸引科技成果转化引导基金在闽投资，鼓励和推动天使投资、创业投资、知识产权证券化、科技保险发展，拓宽科技成果资本化路径；扩大"科技贷"服务对象，鼓励金融机构开展科技保险、专利权质押融资等金融创新；支持人才创新团队领办创办科技型企业，鼓励和支持科研人员创新创业、兼职兼薪，建立完善科研人员校企、院企共建双聘机制，鼓励和支持有专业技术技能的大学生创业；依托龙头企业和平台型企业经营网络，带动城乡基层创业人员开展创业活动，鼓励返乡下乡人员领办创办农产品加工、农业生产服务及农村电子商务等经营实体，引导农民就地就近发展餐饮、民宿、零售、家政、运输、电商等投资小、门槛低、见效快的项目。

五是加强信息化建设，提升服务水平。福建省可以以"全数据共享、全服务上网、全业务用卡"为重点，集中整合数据资源，简化优化业务流程，全面提升人社信息化创新应用水平。通过建设劳动监测预警和智慧就业大数据平台，推动劳动关系、就业创业和劳动维权服务事项网上办理，依托平台建立福建省统一的招聘信息归集机制，以及与公安、市场监管、税务、银行、社保、医保、电力等部门大数据协同机制，开展劳动用工、就业大数据分析应用、就业形势预警监测及欠薪大数据监测预警，同时对接省内各大网约用工平台，开展网约用工平台的签约劳动者身份认证，确认网约用工平台和签约劳动者所建立的用工关系。同时，加强流动人员人事档案信息化建设，建成统一便捷的省级流动人员档案管理服务信息系统，推动建立统一开放的高层次创业创新人才库、人力资源公共服务信息平台和管理服务平台，实现人力资源信息共建共享。加强职业能力信息化建设，加快建设福建职称网上申报系统，实现网上办理职称材料填报、部门审核等各类职称业务。

参考文献

［1］车俊 . 聚力打造山海协作工程升级版　实现更高质量的区域协调发展 ［J］. 政策瞭望，2018（6）：4-6.

［2］陈菁 . 发展福建省"丝路经济"核心区的思考 ［J］. 管理观察，2019（1）：53-54.

［3］陈钦 ."一带一路"背景下"海丝旅游"品牌的创建——以福建为例 ［J］. 广西民族师范学院学报，2015，32（6）：65-67.

［4］陈伟 . 深化山海协作"飞地经济"发展 ［J］. 浙江经济，2019（2）：8-10.

［5］陈尧 . 坚持开放发展，再创福建对外开放新优势 ［J］. 特区经济，2019（8）：9-14.

［6］陈宇 ."一带一路"建设与福建新一轮对外开放路径研究 ［J］. 西部财会，2019（8）：75-78.

［7］戴永务，邱晓兰，刘燕娜，余建辉 . 国外欠发达地区开发的经验及对福建山海协作的启示 ［J］. 福建农林大学学报（哲学社会科学版），2007（4）：47-50.

［8］福建社会科学院课题组，李鸿阶 ."一带一路"倡议与福建对外开放新优势研究 ［J］. 亚太经济，2017（4）：107-113.

［9］福建省发改委区域经济处课题组 . 加快福建经济欠发达地区扶贫开发步伐 ［J］. 发展研究，2008（1）：19-22.

［10］福州都市圈着力打造高品质国际旅游目的地 ［EB/OL］. https：//

www. mct. gov. cn/whzx/qgwhxxlb/fj/202107/t20210714_926417. htm.

[11] 赵欢，邵宇平．关注区域协调发展走进山海协作工程——浙江省"山海协作工程"考察报告［J］．中共宁波市委党校学报，2006，28（5）：91-94.

[12] 郭瑜．浅析"一带一路"背景下福建对外贸易转化升级［J］．企业科技与发展，2019（9）：23-24.

[13] 洪琛．论福建海外贸易历史及对当下福建海外贸易的影响［J］．中国石油大学胜利学院学报，2020，34（4）：91-94.

[14] 黄继炜．发挥福建优势，融入"一带一路"建设［J］．福建论坛（人文社会科学版），2015（5）：141-147.

[15] 黄家骅．国际化大生产定位与福建"山海通道"的新思路［J］．福建论坛（经济社会版），2002（11）：67-71.

[16] 李珂．福建推进供给侧改革：科技创新平台如何加快提升？［N/OL］．福建日报，http：//news. fznews. com. cn/fuzhou/20160328/56f8799695e06_2. shtml，2016-03-28.

[17] 李立敏，林奇涵，施宇辉．推进山海协作　加快县域经济发展［J］．发展研究，2004（2）：42-43.

[18] 刘缉川．从"山海协作"工程到"一带一路"［J］．浙江社会科学，2016（1）：15-17.

[19] 卢明华．荷兰兰斯塔德地区城市网络的形成与发展［J］．国际城市规划，2010（6）：57-61.

[20] 马永欢，黄宝荣，陈静，等．荷兰兰斯塔德地区空间规划对我国国土规划的启示［J］．世界地理研究，2015（1）：46-51，67.

[21] 福建印发建立区域协调发展新机制的实施方案［EB/OL］．平潭中国网，https：//www. sohu. com/a/323176461_120047106.

[22] 沈德福，李美秀，钟荣凤．福建省旅游政策变迁及其区域旅游产业的时空响应研究［J］．新乡学院学报，2021，38（2）：13-19.

[23] 温映雪．"一带一路"战略下福建开放型经济发展面临的挑战及对策研究［D］．福建农林大学，2017.

[24] 温园梦．"一带一路"下福建自由贸易区建设浅议［J］．合作经济与

科技，2020（21）：80-81.

　　［25］翁明敏．"一带一路"背景下福建农产品出口贸易结构优化研究
［D］．福建农林大学，2019.

　　［26］吴德刚，朱玮，王德．荷兰兰斯塔德地区的规划历程及启示［J］．现
代城市研究，2013（1）：39-46.

　　［27］吴兴南．合作共赢是福建区域发展的理性选择——从"山海协作"到
"建设海峡西岸经济区"［J］．福州大学学报（哲学社会科学版），2005（1）：
59-63.

　　［28］谢爱国．山海两地发展与福建区域经济发展战略演变［D］．福建师
范大学，2009.

　　［29］谢谦，刘洪愧．"一带一路"与自贸试验区融合发展的理论辨析和实
践探索［J］．学习与探索，2019（1）：84-91.

　　［30］明确支持福州等都市圈编制实施发展规划［EB/OL］．新浪网，http：//
k. sina. com. cn/article_2815224714_a7cceb8a01900sy5d. html.

　　［31］熊华林．对福建省"山海协作"的若干思考［J］．科技和产业，
2009，9（6）：50-53，98.

　　［32］薛玉连，宣凯，王春丽．福建迈向更高水平对外开放的现实考察与推
进思路［J］．福州党校学报，2021（2）：40-45.

　　［33］严正．打通山海战略通道　促进区域经济分工协作的发展［J］．福建
论坛（经济社会版），2002（8）：51.

　　［34］姚少平．山海协作续写新篇章［J］．今日浙江，2007（1）：26-28.

　　［35］叶烨．福建自贸区背景下闽台高科技产业协同合作研究［D］．集美
大学，2017.

　　［36］游姝琪．闽、浙、赣三省毗邻区跨区域合作的机制研究［D］．福州
大学，2006.

　　［37］于莉娟．山海协作的浙江经验［J］．小康，2009（7）：38-40.

　　［38］俞建群，王媛媛．经济新常态下福建自由贸易试验区发展路径探索
［J］．福建师范大学学报（哲学社会科学版），2015（4）：8-14.

　　［39］张辉鑫，汤小华．20世纪90年代福建区域经济差异及其对策研究

[J]．福建师范大学学报（哲学社会科学版），2001（4）：19-23.

［40］张元钊．福建开展国际产能合作的路径选择［J］．福州党校学报，2021（1）：39-44.

［41］郑曙光，骆路金．跨地区合作提供基本公共服务的公共政策分析——以浙江、珠三角区域合作样本为分析路径［J］．河南社会科学，2012，20（2）：66-69.

［42］郑素娟，陈珊珊，郭君默．福建省自贸区金融创新实践研究分析［J］．金融理论与教学，2021（1）：20-25.

［43］2020年福建省气候公报［EB/OL］．中国天气网，http：//fj. weather. com. cn/zxfw/qhgb/03/3445765_4. shtml.

［44］中华人民共和国国民经济和社会发展第十四个五年规划和2035年远景目标纲要［EB/OL］．中国政府网，http：//www. gov. cn/xinwen/2021－03/13/content_5592681. htm.

后　记

　　本书是中国社会科学院国情调研厦门基地项目的中期成果。为了完成这项调研任务，课题组曾深入到福建省福州市、三明市、宁德市、厦门市、漳州市、泉州市调研，实地了解福建省地方政府对"深化山海协作，增强协调发展"的认识以及重点产业园区建设现状、制造业企业运行情况、重点项目建设情况等。同时，课题组还与福建省政府各部门与各地市政府部门进行深入、坦诚的沟通交流，从中了解到福建省推进"山海协作"相关政策制定、重点项目安排等情况。此外，课题组也认真查阅了福建省与各地市的"十四五"经济社会发展规划纲要以及相关专题规划，以便于确保这项研究能够与有关规划方向相衔接、相配合。

　　从课题立项到成果形成的过程中，中国社会科学院科研局、福建省发展改革委和财政厅、厦门市发展改革委和财政局、厦门市发展研究中心同志对课题研究和调研都做了细致安排，并给予了大力支持，特别感谢福建省财政厅一级巡视员杨隽、厦门发展研究中心彭朝明主任及相关部门各位同志为课题调研和资料收集提供的诸多帮助，在书稿付梓之际，经济管理出版社社长杨世伟、总编辑刘勇以及责任编辑赵亚荣等同志为推动本书顺利出版做了大量的工作。在此，我谨代表课题组向上述同志一并致以诚挚的谢意！

　　本书是课题组历时一年多最终形成的集体性成果。为了高效完成这项任务，课题组成员发挥各自专业特长，在较短时间内形成了这项具有挑战性和较大决策应用价值的研究成果。在本书编写过程中，史丹负责书稿审定，刘佳骏负责书稿整合，各章写作分工如下：总报告执笔人为史丹、刘佳骏；第一章执笔人为叶振宇；第二章执笔人为刘佳骏；第三章执笔人为周麟；第四章执笔人为明星；第五章执笔人为刘京星；第六章执笔人为崔志新；第七章执笔人为李鹏；第八章执笔人为刘京星、明星。

由于官方文件正式公布福建"山海协作"的时间并不长，学术界对这方面的研究才刚刚起步，因此相关文献资料比较匮乏。在研究过程中，课题组使用或参考了许多统计数据、学者发言/观点或地方政府文件材料，借此对相关机构或个人表示感谢。本书是总结与推动福建省"山海协作"发展建设研究的开拓之作，难免有疏漏，敬请读者批评指正。

史　丹

2022 年 12 月 18 日